사소한
디테일이
초격차
만든다

사소한 디테일이 초격차 만든다

초판 1쇄 인쇄 _ 2023년 7월 5일
초판 1쇄 발행 _ 2023년 7월 15일

지은이 _ 장세일

펴낸곳 _ 바이북스
펴낸이 _ 윤옥초
책임편집 _ 김태윤
책임디자인 _ 이민영

ISBN _ 979-11-5877-355-7 03190

등록 _ 2005. 7. 12 | 제 313-2005-000148호

서울시 영등포구 선유로49길 23 아이에스비즈타워2차 1005호
편집 02)333-0812 | 마케팅 02)333-9918 | 팩스 02)333-9960
이메일 bybooks85@gmail.com
블로그 https://blog.naver.com/bybooks85

책값은 뒤표지에 있습니다.

책으로 아름다운 세상을 만듭니다. — 바이북스

미래를 함께 꿈꿀 작가님의 참신한 아이디어나 원고를 기다립니다.
이메일로 접수한 원고는 검토 후 연락드리겠습니다.

사소한 디테일이 초격차 만든다

장세일 지음

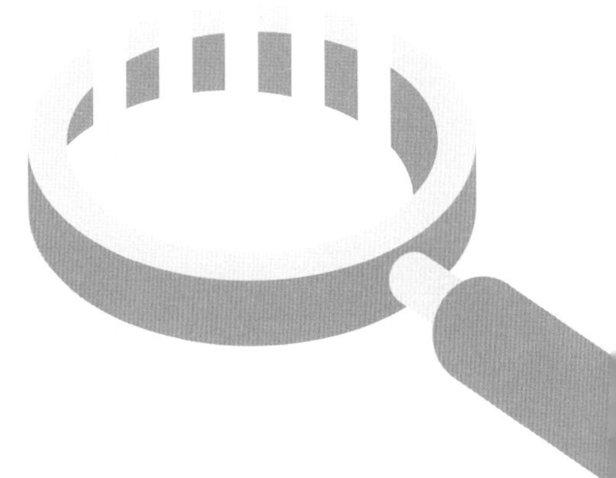

나는 세상에게 전해줄 교훈이 있음에 감사한다.
만약 나의 철학을 읽고 유리방황하던 삶이 바로 잡힌다면
그것보다 의미 있는 일이 또 있을까.
이것이 내가 책을 쓰는 가장 큰 이유다.

프롤로그

사소한 디테일이 중요한 이유

앞만 보고 달려온 세월이 무려 83년이다. 한 사람이 83년의 인생을 살았다면 온갖 우여곡절이 많았을 터다. 사람들은 삶의 우여곡절을 빗대어 "내 인생을 책으로 쓰면 몇 권이 나온다."라는 우스갯소리도 하지만, 내가 책을 쓰려는 이유는 나름의 까닭이 있다. 나에겐 맨손으로 시작하여 세계를 누비며 기업을 일군 특별한 경험이 있기 때문이다.

하루 중 하늘이 가장 아름다운 두 번의 때가 있는데 바로 일출과 황혼이다. 나의 일출은 초라했지만 황혼은 아름답게 맞고픈 바람이 있었다. 현재가 행복하기 위해 과거의 노력이 있어야 하듯 아름다운 황혼을 맞기 위해 정오의 땀방울이 있어야 한다. 내 정오의 시간은 치열했으며 노력은 가상했다. 오직 기업과 사회, 국가를 위해 달려온 시간이었다. 이제 황혼기를 맞이한 나에게 하늘은 나의 경험과 노하우를 전하라는 사명을 알려주었다. 나의 소중한 경험과 노하우를 내 기억 속에만 머물게 할 것이 아니라 세상에 전해야 한다는 것이다. 이것이 중요한 이유는 더불어 사는 세상을 위한 최소한의 의무이기 때문이다. 세상은 존재하기조차 버거울 정도로 치열한 곳이다. 이런 곳에서 조금 더 나은 삶을 살기 위해 선배들의 경험과 노하우는 보물과 같은 가치가 있다. 적어도 나는 세상에게 전해줄 교훈이 있음에 감사한다. 만약 나의 철학을 읽고 유리방황하던 삶이 바로 잡힌다면 그것보다 의미 있는 일이 또 있을까. 이것이 내가 책을 쓰는 가장 큰 이유다.

직업인으로 살면서 깨달은 첫 번째 중요한 것은 실력이다. 왜냐하면 직업을 가졌다는 것은 내가 그 분야의 프로가 되었다는 것을 의미하므로 그에 걸맞은 실력을 갖추는 것은 기본 중의 기본이기 때문이다. 무엇보다 실력을 갖춰야 고객의 요구를 만족스레 채워줄 수 있지 않은가.

다음으로 중요한 것이 인간관계다. 모든 직업이 인간관계로 이루어지기 때문이다. 실력은 있으나 인간관계에 실패해 도태되는 사람이 있고 인간관계는 좋으나 실력이 부족해 도태되는 사람도 있다. 이 두 가지를 모두 잘 갖추어야 직업인으로 인정받고 직업을 성공적으로 영위해 나갈 수 있다.

만약 내가 직업생활에서 좀 더 높은 자리에 오르고자 한다면 남들보다 더 나은 실력, 더 나은 인간관계가 필요하다. 내가 이 책에서 강조하고자 하는 것은 바로 이 부분이다. 나는 지난 57년간 직장생활과 기업인으로 살아오면서 깨달은 특별한 실력과 인간관계에 대해 이 책에 가감 없이 펼칠 것이다. 이와 관련하여 내가 발견한 법칙을 축약한 것이 '사디'이다. 사디란 사소한 디테일의 줄임말로 사디(이하 사디) 개념의 핵심은 전체 속에서 사소한 디테일까지 놓치지 않는 노력이 초고도의 실력을 만들어낸다는 나만의 이론이다. 이러한 사디는 단지 일에만 적용되지 않으며 인간관계와 건강 등 삶의 전반적인 부분에까지 적용할 수 있다. 그런 점에서 내 삶 전체를 성공적으로 이끌어주는 보물과도 같은 것이라 생각한다.

부디 많은 사람들이 이 책을 통하여 사디의 비법을 발견하므로 삶에 큰 도움이 되기를 바란다. 더불어 많은 후배들이 책을 통하여 인생의 방향을 정하고 찾을 수 있다면 그것으로 나는 족할 수 있겠다.

| 목차 |

2장

성장의 원동력은 사소한 디테일

전체 =사디×사디일 뿐

3장

내 사소한 디테일의 발원지

초직관력의 경험

4장

삶에서 배운 사소한 디테일

사소한 디테일 공부

5장

사소한 디테일로 키운 신념과 신뢰

위기는 신념을 키우는 절호의 기회

6장

건강과 공부에도 도움되는 사소한 디테일

건강도 실력이다

에필로그

1장

사디로 세계를 품은 일성

사소한 디테일

나만의 무대로 세계를 품다

25평 사무실에서 시작된 나만의 무대

전두환 신군부 정권이 들어선 지 4년이 지나고 있던 1983년 12월, 나는 홀로 매서운 찬바람을 뺨에 맞으며 울산의 출렁이는 바다를 바라보고 있었다. 추위를 피하려 주머니를 파고든 나의 손은 종이봉투를 만지작거리고 있었다.

사직서!

무려 19년을 일해 왔던 직장을 그만두려는 마음은 얼마나 애가 탔겠는가? 하지만 나의 결심은 바위처럼 확고했다. 이제 조직 속의 내가 아닌 나의 조직을 만들고 싶었기 때문이다. 무엇보다 나만의 무대를 만들어 세계를 웅비하고 싶었다. 사실 나만의 무대를 만들고 싶었던 꿈은 유공 입사 초기부터 갖고 있었다. 그때 나는 10년을 여기에서 배우고 35세가 되었을 때 나의 기업을 세우겠다는 거창한 계획을 세웠었다. 그러나 생활에 쫓기며 나의 계획은 무려 10년 가까이 연장되고 있던 상태였다.

더 미룰 수 없는 이유가 명확해졌다. 당시 내가 몸담았던 대한석유공사이하 유공는 분명 대한민국을 대표하는 석유화학 공기업이었지만 각종 플랜트 설비는 여전히 국산화를 이루지 못해 전량 수입에 의존하고 있던 상황이었다. 하지만 만약 나에게 전권의 기회가 주어진다면 나는 국산화를 이룰 자신이 있었다. 결국 나는 선택을 해야만 하는 상황에 직면해 있었던 것이다.

이듬해, 1984년은 나에게 기념비적인 해가 되고 말았다. 드디어 19년을 몸담아왔던 직장을 그만 두고 나의 회사를 설립하고야 만 해이기 때문이다. 회사를 세우려면 돈이 있어야 했지만 그때 나의 손에 쥔 돈은 퇴직금으로 받은 7천만 원이 전부였다. 당시로서는 제법 큰돈이건만, 이것은 내가 꿈꾸었던 석유플랜트 기업을 세우기 위해서는 턱없이 부족한 돈이었다. 석유플랜트 기업을 하려면 일단 넓은 공장 시설이 필수였기 때문에 큰돈이 필요했다.

그럼에도 불구하고 나는 이 돈의 절반으로 사업을 시작하리라 마음먹었다. 만약을 대비하지 않을 수 없었기 때문이다. 홀로라면 모르겠으나 가정을 가진 남자가 사업을 하려고 할 때는 고민에 빠지지 않을 수 없다. 직장생활은 안정적 수입이 나오는 구조이나 사업은 안정적 수입이 나온다는 보장이 없다. 만약 안정적 수입이 나오지 않는다면 이는 가족에게 큰 피해를 줄 수밖에 없으니 고민하지 않을 수 없었던 것이다. 게다가 사업은 위험성이 큰 직업이다. 따라서 비상금을 비축해두지 않으면 언제 어떤 일이 터질지도 모른다.

아내에게 사업을 한다고 슬쩍 비쳤더니 당연히 반대가 되돌아왔다. 하지만 그 반대도 내 의지를 꺾을 수 없을 만큼 당시 나의 결심은 대단히 크고 단단했다. 그렇게 나는 가족과 회사에 대한 최소한의 도리를 지키려고 7천만 원의 절반만 가지고 울산 남구 수암동에서 25평의 작은 사무실을 얻어 직원 3명과 함께 나의 회사를 시작하게 되었다.

그때 내 나이는 이미 40대 중반에 딱 걸려 있었다. 지금도 사업을 시작하기엔 적지 않은 나이련만 그때는 더욱 늦은 나이가 아닐 수 없었다. 달리기 시합에서 남들보다 늦게 출발했다면 더 열심히 이를 악물고 뛰어야 겨우 따라잡을 수 있는 법이다. 마찬가지로 나도 늦게 시작했으므로 남들보다 몇 배 더 노력하리라 마음을 먹었다. 게다가 자금도 넉넉하지 않았고 사업 부지나 인원도 충분하지 않았기에 나는 남들보다 빠른 속도로 성장을 이루어야 한다는 생각이 간절했다.

처음에는 모험을 걸기보다 '안정적 성장'에 목표를 두고 시작했다. 처음부터 무리하게 돈을 끌어다 크게 시작할 것이 아니라 그동안의 지식과 경험을 바탕으로 설비 보수공사와 같은 일들을 맡아 자금력을 비축한 후 사업을 확장하는 방식을 택했다. 나의 계획이 적중하기 위해서는 설비 보수공사 같은 일들이 들어와야 했는데 첫 한두 달은 아예 일 자체가 들어오지 않아 애를 태웠다.

그러면서 나는 직장생활에서는 전혀 경험해보지 못한 두려움에 직면해야 했다. 직장 다닐 때 나는 관리직에 있었기에 한 달에 50억 원씩 결재하던 사람이었다. 그런데 지금 직원 월급으로 줘야 할 돈과 사무실 임차료 몇 십만 원을 걱정해야 하는 처지에 놓이게 되니 갑자기 두려움이 확 밀려온 것이다. 만약 이 상태가 계속되면 큰 손해를 볼 것은 불 보듯 뻔했다. 그때 나의 모습은 망망대해에 이리저리 떠도는 나무 잎사귀 한 조각과 다를 바 없었다.

첫 수주는 설비 보수공사부터

그야말로 개점휴업 상태였다. 나름 번듯하게 사무실을 차리고 경리 여직원과 남자 직원까지 뽑아 모양새를 갖춰놓았건만 일이 전혀 들어오지 않는 상태가 지속되었다. 처음에야 조금 있으면 일이 들어오겠지, 하는 마음에 여유를 부리는 척했지만 시간이 갈수록 초초한 마음이 더해져 불안한 표정을 감출 수 없었다. 직원들 사이에서도 "이러다 일을 해보지도 못하고 폐업하는 거 아니야." 하는 걱정스러운 소리가 들려오기 시작했다. 대표인 내가 불안해 하니 직원들이 덩달아 요동하는 것은 당연한 결과란 생각이 들어 다시 마음을 고쳐먹었다.

그러던 중 전화 한 통이 걸려왔다. 내가 근무했던 유공에서 걸려온 것이었다. 플랜트 기계정비 공사건이 하나 있는데 해보지 않겠느냐는 내용이었다. 규모는 크지 않았으나 나에게는 첫 의뢰였으므로 무조건 좋다고 수락했다. 하지만 문제가 있었다. 내가 유공에서 근무할 때는 주로 과장, 부장 때 감독으로 일한 것이어서 의뢰받은 플랜트 정비 공사를 현장에서 구체적으로 어떻게 해야 할지에 대해서는 잘 몰랐기 때문이었다.

하지만 나는 어릴 적부터 이런 난관이 닥칠 때 나도 모르게 어떻게 해결해야 하겠다는 직관력이 떠오르는 습관이 있었다. 그 순간 나는 어떻게 하면 이 일을 잘 실행할 수 있을지에 대한 생각을 떠올렸다. 그러고는 즉시 이 일과 관련된 전문가 한두 사람을 만나 이 공사에 대해 파악하는 시간을 가졌다. 이후로 나는 빠른 시간 안에 이 공사를 어떻게 해야 될지에 대해 전문가들 이상으로 내용을 파악하기에 이르렀다. 덕분에 나의 첫 공사는 일사천리로 진행되었고 경비 또한 엄청나게 줄일 수 있었다.

첫 공사의 마진율은 30% 이상이나 되었는데 이것이 나에게 엄청난 힘이 되어주었다. 왜냐하면 작은 공사 한 건을 했는데도 직원들 급여를 포함하여 6개월 동안 사무실 임차료 걱정을 하지 않아도 될 정도가 되었기 때문이었다. 그렇게 마음의 여유가 생기자 계속해 좋은 일들이 들어왔다. 그때마다 나는 첫 경험의 수단을 바탕으로 언제나 전문가 이상으로 일의 내용을 파악하여 의뢰받은 일을 정확한 기간 내에 해주기를 반복했다. 그러자 업체들로부터 점점 신뢰가 쌓여가기 시작했다.

그중 일성이 성장하는 데 큰 힘이 된 공사가 있었다. 처음 회사를 세우고 3개월쯤 지난 즈음에 국영업체였던 영남화학이란 곳에서 황산을 담는 저장탱크가 다 녹아버려 황산탱크를 새로 짓기 위한 공사 공고가 났다. 이 공사는 당시 돈으로 억대가 넘는 대규모 공사였기에 쟁

쟁한 회사들이 들러붙을 게 뻔했다. 일성은 3개월짜리 경력밖에 없는데도 불구하고 나는 이 공사에 도전장을 내밀었다. 사실 다윗과 골리앗의 경쟁이라 할 정도의 상황이었지만 나는 자신감이 있었다.

입찰하기 전, 나는 견적서 검토를 수십 번이나 했다. 억대가 넘다 보니 너무 높으면 낙찰에 실패할 가능성이 높기 때문이었다. 이미 유공에서 수도 없이 견적서를 작성해본 경험자였지만 입찰 금액이 1억 원을 넘기니 손이 떨리지 않을 수 없었다. 그렇게 조심스레 총 공사 견적으로 1억 3천만 원을 내밀었는데 놀랍게도 일성이 최종 공사업체로 선정되었다. 하나님의 도움으로 경쟁자를 물리치고 낙찰이 된 것이다.

나는 지난 경험과 지식을 바탕으로 최선을 다해 이 일을 처리해나갔다. 다행히도 이곳 공무부 부장이 내가 유공 근무할 때 평이 좋았던 것을 알고 있어 나를 좋게 봐줘 매우 협조적이었다. 의뢰 회사까지 협조를 잘해주니 큰 도움이 되지 않을 수 없었다. 나는 황산탱크의 철판 두께까지 세밀히 계산할 뿐만 아니라 하루에 세 번씩 공사현장에 나가 디테일한 부분까지 체크하여 공사를 성공리에 마칠 수 있었다. 이 공사의 마진 역시 30%나 되어 나는 당시로서는 매우 큰돈을 손에 쥘 수 있게 되었다. 수중에 큰돈이 들어오자 나는 드디어 공장을 지을 꿈에 부풀어 오르기 시작했다.

국내는 좁다, 해외로 눈을 돌려라

첫 해외 수주 및 플루어 건설 수주

너무도 운이 좋았다. 일성을 세운 첫 해에 나는 이미 공장 부지를 찾으러 다니고 있었기 때문이다. 계속해서 제품 주문은 들어오는데 그걸 만들 장소가 없으니 공장을 갖는 것은 필수적인 일이 되어가고 있었다. 그때 마침 울산공항 부근 연암동 쪽에 경매로 나온 공장이 있었다. 500평 정도 되는 부지의 공장이었으나 바닥이 경사졌다는 점과 진입 도로가 좁다는 단점이 있었다. 그럼에도 불구하고 25평 사무실에 비하면 감지덕지였다. 가격은 1억 3천만 원으로 부담이 되었지만 일부는 뒤에 주기로 하고 즉시 그 공장을 인수했다. 나는 보수공사를 하는 것부터 공장을 짓는 것까지 모두 최선을 다했다. 영업도 직접 뛰었고 현장 작업반장의 일까지 모든 일을 도맡아 해내었다. 이후 일성은 매년 200% 성장을 거듭할 정도로 비약적인 발전을 하기 시작했다. 회사설립 8년차였던 1991년에는 산업평화대상을 수상하는 영예까지 얻게 되었다. 산업평화대상은 수많은 기업들 중에서 노사관계가 가장 우수한 기업에게 주는 매우 영광스러운 상이었다. 나는 창업 이후 오직 성공을 위해 달려왔었는데 이제야 그 보상을 받은 것 같아 기분이 아주 좋았다.

이후로 일성은 국내 시장에서 대림산업, SK건설, LG건설, 현대중공업 등 굵직한 대기업들과 플랜트 설비를 거래하면서 지속적으로 성장하였다. 이런 대기업들로부터 업무적으로도 인정받고 자금도 모이자 나의 자신감은 충만해졌다. 그즈음(1990년대 초중반) 일본의 미쯔비시Mitsubishi 중공업에서 물량이 들어와 첫 해외수주를 기록하게 되었다. 상황이 이 정도에 이르자 나의 자신감은 충만해졌고 국내 시장이 좁다고 느껴지기 시작했다.

당시 큰아들이 미국 유학을 마치고 돌아와 일성에서 일(과장 직책)을 맡아 하고 있던 때였다. 그런데 큰아들은 상대 출신이어서인지 회사 일에 도통 관심을 갖지 못한 채 진로를 바꿀 생각까지 하고 있었다. 반면 나는 해외시장을 개척하고픈 나의 꿈과 큰아들의 미국 경험이 결합한다면 좋은 결과를 낼 수 있을지도 모른다는 생각을 하고 있었다. 나의 마음이 큰아들에게 전해진 것일까, 어느 날 큰아들이 차라리 자신이 해외시장 개척에 나서보겠다는 말을 해왔다. 그만두더라도 뭔가 회사에 기여를 하고 그만두겠다는 것이었다. 그때 나는 얼마나

울산 연암동에 일성이 경매로 인수한
첫 번째 공장의 기계(좌) 및 제품(우) 모습

기뻤는지 모른다. 나는 곧바로 미국에서 공부한 큰아들에게 해외시장을 개척할 수 있는 기회를 주었다.

큰아들은 자신의 해외경험과 영어 실력을 살린다면 일본뿐 아니라 유럽과 미국 시장까지 루트를 개척할 수 있겠다는 판단하에 세계의 기업들을 물색하기 시작했다. 당시 미국의 플루어 건설회사Fluor 건과 사우디아라비아의 얀부Yanbu 프로젝트가 눈에 띄었다. 그런데 미국의 플루어에서 먼저 우리에게 수주 건이 있다는 정보를 전해왔다. 세계적 기업인 플루어에서 아직 세계 시장에서는 사막의 모래 수준에 불과한 일성에 연락을 준 까닭은 미쯔비시Mitsubishi 중공업과의 거래 실적을 높이 산 까닭이었다.

큰아들과 일성의 엔지니어가 미국행 비행기에 몸을 실었다. 플루어는 캘리포니아주 남부에 위치해 있었는데 마침 그곳은 큰아들이 다녔던 남가주대학USC과 가까운 곳이라 큰아들에겐 익숙한 곳이기도 했다. LA에서 큰아들과 플루어 관계자들과의 미팅이 진행되었다. 예상했던 대로 일성을 아래로 보는 분위기가 감지되었다. 그도 그럴 것이 플루어는 대기업이고 일성은 알지도 못하는 조그마한 회사였으니 이해할 만도 했다.

그때 큰아들은 26개 항목의 프레젠테이션을 준비해 갔었는데 2개 항목을 하는데 오전이 다 가버렸다. 하도 플루어 관계자들이 까다롭게 굴었기 때문이었다. 큰아들은 일이 안 풀린다는 생각에 답답해하며 점심시간을 맞이하였다. 샌드위치에 콜라를 먹고 있는데 상대방 이

사급에 있는 인도계 미국인 치프 엔지니어Chief engineer가 큰아들에게 말을 걸어왔다. 어디에 묵고 있냐는 질문에 LA 다운타운에 묵고 있다고 답하는데 큰아들이 이 지역을 잘 알고 있는 눈치에 어떻게 잘 아는지 궁금해 하였다. 큰아들이 이곳 남가주대학 출신이라 잘 안다고 하자 그 인도계 미국인 치프 엔지니어도 남가주대학 출신이라며 화색이 돌았다. 알고 봤더니 인도계 미국인 치프 엔지니어는 큰아들의 남가주대학 선배였다.

큰아들이 남은 24개 항목에 대한 프레젠테이션에 대한 부담을 갖고 오후 프레젠테이션에 들어가려는데 갑자기 치프 엔지니어가 큰아들더러 편안히 앉아 있으라고 한 후 자신이 두 시간 동안 나머지 24개 항목에 대해 모두 "OK" 하며 진행하였다. 남가주대학의 동문 파워가 대단하다는 이야기를 들었었는데 그것을 실감하는 순간이었다.

큰아들은 첫 패키지 일이 너무 순조롭게 끝난 것 같아 치프 엔지니어에게 "그래도 태평양을 건너왔는데 한 패키지만 하고 가긴 아깝다."는 말을 했다. 그러자 치프 엔지니어는 이곳저곳에 전화를 하더니 스테인리스 스틸 패키지가 있다는 사실을 알아내고 큰아들에게 이것할 수 있냐고 물어왔다. 큰아들은 당연히 할 수 있다며 "Of course!"를 연발했고 일성은 그 자리에서 첫 패키지보다 두 배가량 높은 수주를 따내기에 이른다. 그렇게 큰아들은 100만 불짜리 수주를 따러 갔다가 300만 불의 수주를 따 가지고 돌아오는 기쁨을 맛보았다.

이후 일성은 이 수주 건을 성공적으로 수행하여 플루어와 지속적

거래를 트게 되었다. 이 때문에 나와 큰아들은 수시로 미국 플루어를 방문하게 되었다. 갈 때마다 큰아들의 남가주대학 동문 파워 덕분에 환영을 받았으며 나중에는 모르는 사람이 없을 정도까지 되었다. 덕분에 일성은 플루어를 통하여 어빙Irving 프로젝트, 사우디 프로젝트 등의 수주를 연달아 따기에 이른다.

당시 미국으로 가는 비행기는 지금과 같은 상황이 아니었기에 시간도 많이 걸리고 비행기 자체도 많이 흔들려 목적지에 도착하면 녹초가 되기 일쑤였다. 시차적응이 되지 않아 하루 종일 꾸벅꾸벅 졸다 보니 막상 밤에는 잠이 오지 않아 애를 먹어야 했다. 당장 내일이 회의인데 잠을 못자면 컨디션이 나빠 회의를 망칠 수도 있다는 걱정에 잠이 더욱 오지 않았다. 더군다나 회의는 주로 아침 일찍 시간이 잡혔었는데 미국 땅이 워낙 넓어 호텔에서 회사까지 한 시간 정도 달려야 했기에 더욱 일찍 나서야 하는 부담도 있었다. 미국 시장 개척은 이런 숨은 수고가 있었기에 가능했다고 지금도 생각하고 있다.

나는 플루어의 총책인 백인계 리드 엔지니어Lead engineer와 동년배였기에 더 가까워지기 위해 노력했다. 롱비치Long beach에 리드 엔지니어와 그의 직원들을 함께 초대하여 파티를 열어주기도 했었다. 우리의 관계는 신뢰관계로 이어져 이후 리드 엔지니어는 우리 일성에게 계속하여 일을 맡겨주므로 일성은 해외진출의 발판을 마련할 수 있었다.

베네수엘라 하마카 프로젝트

첫 대형 수주건

미국 플루어 건설 사무실이 롱비치에서 더 남쪽인 알리소 비에호Aliso viejo로 옮겨간다는 소식이 들려왔다. 나는 그 백인계 리드 엔지니어와 교류를 이어가기 위해 이곳을 몇 번이나 왔다 갔다 했었다. 그러던 중 리드 엔지니어로부터 베네수엘라의 대규모 석유화학 공장에서 물량이 아주 큰 공사 수주 건이 있다는 정보를 접하게 되었다. 일명 하마카Hamaca 프로젝트라 불리는 공사로 고온과 고압의 석유를 대상으로 하기에 특별한 기술력을 필요로 하는 플랜트를 만들어내야 하는 사업이었다. 나와 일성은 이런 일에 자신이 있었으므로 당당히 도전장을 내밀었다. 무엇보다 지금까지 했던 공사보다 훨씬 큰 규모였기에 욕심이 났던 것도 사실이다. 당시 일성의 연매출이 250억 원 정도였는데 이 수주 건 하나의 규모가 수천만 불 플러스 알파가 되었다.

나는 이 공사의 수주를 따기 위해 마찬가지로 수주의 결정권을 가지고 있던 이곳의 리드 엔지니어와 교류를 쌓아갔다. 이곳에 갈 때마다 리드 엔지니어를 만나 식사도 같이하고 간단한 기념품 선물을 주기도 했다. 그러자 리드 엔지니어가 나를 점점 좋아하게 되었다.

우리는 원유의 성질이 모두 비슷할 것으로 생각하지만 생산지에 따라 성질이 제각각인 경우가 많다. 이러한 원유 중에는 성질이 좀 뻑뻑하여 일반적 원유를 정제할 때보다 더 높은 압력을 필요로 할 때가 있다. 하마카 프로젝트의 경우가 그랬다. 하마카 프로젝트에서는 베네수엘라에서 나는 원유 중 뻑뻑한 성질의 원유를 다루기에 모든 공장 설비에 좀 더 두껍고 강한 철판을 필요로 했다. 일성은 여기에 도전장을 내밀어 당당히 수주를 받아냈다. 그리고 일성의 기술력을 바탕으로 품질 높은 제품을 납기일 이전에 납품했다. 게다가 공사가 끝나고 리드 엔지니어의 요청이 없었음에도 불구하고 우리 직원 두 사람을 보내 마지막까지 점검을 해주었다.

이번 공사도 대성공이었다. 하마카 프로젝트는 규모가 3,700만 달러로 당시 돈 400억 원에 달하는 수주였다. 이 프로젝트에서 특수재질의 고온 고압력 제품을 성공적으로 납품하여 일성의 기술력을 인정받았다. 2023년 봄에 미국 플루어 사무실에 방문하였는데 관계자 분이 일성이 납품한 제품이 베네수엘라 공장에서 지금까지도 정상 가동되고 있다며 감사의 뜻을 전했다. 일성이 무척 자랑스럽게 느껴졌다.

나는 이후로도 이곳의 리드 엔지니어와 좋은 관계를 유지하며 몇 번을 오가며 교류하곤 했었다. 그러던 어느 날 나에게 슬픈 소식이 들려왔다. 그 리드 엔지니어가 평소 심장이 좋지 않아 인공심장을 달고 있었는데 그 인공심장의 수명이 10년이라 다시 교체하는 수술을 했다는 소식을 듣게 된 것이다. 그때 나는 그의 건강을 걱정하며 위로의 말을 해주었었는데 그 후로 상황이 점점 안 좋아져 먼저 저 세상으로 갔다는 비보가 들려온 것이다. 그때 나는 마치 오랜 친구를 잃은 것처럼 큰 슬픔에 빠졌었다. 왜 하늘은 이렇게 좋은 사람을 먼저 데려가는 걸까? 이것은 아직도 풀지 못하고 있는 수수께끼다.

한편 일성의 초기 해외시장 개척의 일등공신이었던 큰아들은 이만하면 자신이 회사에 기여했다며 잠시 휴직을 하고 MBA를 하기 위해 미국으로 떠나게 된다. 그때 나는 큰아들이 얼마나 대견하던지 든든한 마음이 들기도 하고 조금은 서운한 마음도 들어 눈물이 질금하기도 했다. 이후 아들은 다시 일성으로 돌아와 지금은 일성의 대표이사직을 맡고 있다.

무개척지 이란 시장을 두드리다

일성의 해외시장 스토리 중 이란 시장 개척 이야기를 빼놓을 수 없다. 당시 이란은 국가적으로 서구문화를 배척하는 분위기 때문에 미국과 유럽의 대기업은 물론 국내의 대기업도 아예 수주를 생각지도 않던 곳으로 알려져 있었다. 하지만 나는 이란 시장을 꼭 개척하고 싶었다. 당시 아자람Ajaram이란 기업에서 부품 수주 건이 들어왔다. 플랜트도 아닌 부품이라 직원들은 대부분 반대했다. 이란과 거래하는 기업도 없을뿐더러 이렇게 규모가 작은 일에 위험을 무릅쓰고 뛰어들 필요가 있겠나, 하는 의견이 지배적이었다. 하지만 나는 생각이 달랐다. 새로운 시장을 개척하기 위해서는 이란이 아니라 지구 끝이라도 가야 한다는 생각이었다.

나는 먼저 담당 직원들을 이란으로 보내 분위기를 살폈다. 그렇게 몇 번이나 회의를 하고 돌아온 직원들은 수주가 어렵겠다는 답변을 내놓았다. 하지만 여기에서 포기할 내가 아니었다. 이번에는 내가 직접 이란행 비행기에 몸을 실었다. 이란에 도착한 나는 먼저 이란이라는 나라의 특성부터 살폈다. 당시 이란은 호메이니Ruhollah Khomeini가 집권할 때로 그는 친미 정권이었던 팔레비Pahlevi 왕조를 혁명으로 무너뜨리고 이슬람 공화국을 세운 인물이다. 호메이니는 서구 세력을 몰아내고 이슬람 원리주의를 추구하며 신정정치를 펼쳐 나갔기 때문에 이란은 민주국가도 공산국가도 아닌 이슬람 원리주의 국가체제를 이어가고 있었다.

이러한 국가적 분위기는 기업에도 영향을 미치게 마련이다. 당시 일반적인 기업 문화는 위계질서가 엄격했지만 이란 기업의 경우 윗사람이라 하더라도 아랫사람의 눈치를 봐야 하는 분위기가 있었다. 예를 들어 이란 기업에서는 6명이 회의를 한다고 했을 때 팀장급이 결정을 하려고 하는데 다른 사람이 팀장 독단으로 업체를 결정하려 한다고 윗선에 보고를 해버리는 경우가 있다. 이 경우 팀장이 다칠 수 있기 때문에 팀장이라 하더라도 독단적으로 결정을 내릴 수 없는 분위기가 팽배해 있었다. 나는 어릴 적부터 위기의 순간에 찰나적으로 문제점을 간파하는 직관력이 발휘되곤 했었다. 이란에 도착하여 이들과 회의를 하는 순간 이러한 나의 직관력이 발휘되어 이 사실을 간파할 수가 있었다.

이러한 분위기 속에서는 치프 엔지니어가 바른 결정을 내리기가 무척 어렵게 된다. 나는 회의에 참석한 사람 중 머리가 좀 잘 돌아가는 듯한 사람에게 접근하여 나름의 문제해결 방법에 대한 방향을 알

국내 기업으로는
처음 이란에서
1,300만 불 수주를 따다.

려주었다. 그런 방식으로는 문제가 꼬이게 마련이고 이런 방법을 써야 문제가 풀리지 않겠느냐 하는 정도의 조언을 해준 것이다. 그리고 애로사항이 있으면 언제든지 나에게 오라는 말도 해주었다. 이 모습이 그들에게 조금의 신뢰를 던져주었는지 그들은 수시로 나에게 애로사항을 자문해왔다. 그때마다 나는 그동안 나의 경험을 바탕으로 최선을 다해 방향을 알려주었다. 그것이 그들의 문제해결에 도움이 되었는지 그들은 나를 점점 신뢰하기 시작했다. 결국 이러한 신뢰 관계가 좋은 결과로 이어져 드디어 일성이 국내 기업으로는 첫 이란 수주를 따는 데 성공하게 된다.

사실 결정이 된 다음에도 에피소드가 있었다. 이란 쪽 사장이 나에게 갑자기 이야기를 좀 하자는 것이었다. 무슨 이야기인지 물었더니 일단 고급 인도식당을 잡아놓았으니 식사를 한 후에 이야기를 하자는 것이 아닌가. 나는 답답한 마음에 이야기를 먼저 한 후 식사를 해야 소화도 될 것 아니냐고 했더니 자꾸 식사부터 하자고 졸라 할 수 없이 먼저 식사를 했다. 그리고 사무실로 돌아왔는데 사장이 갑자기 담당 직원들을 다 내보내고 문을 걸어 잠그더니 나와 단둘이 이야기를 하기 시작했다. 내용인즉 전체 수주금액의 10%를 깎아달라는 게 요지였다. 이미 결정된 상황이라 내 입장에서는 도저히 깎아줄 수 없는 금액이었다. 그래서 거절했더니 바지를 붙잡고 통사정을 하는 것이었다. 그렇게 옥신각신하는 사이 거의 2시간이 흘러갔다. 나는 이렇게 해서는 도저히 답이 나오지 않을 것 같아 화장실 핑계를 대며 조금 쉬자고 제안했다. 그리고 사무실을 빠져 나온 후 그쪽의 핵심 관계자를 만나 이게 도대체 어떻게 된 사정인지 물었다. 그랬더니 밖에서 기다리고 있었던 핵심 관계자는 나와 사장이 싸우는 줄 알았다며 10%는 아니더라도 어느 정도는 깎아줘야 하는 상황에 대해 말해주었다. 사정인즉 이란의 기업 상황이 사장은 거의 역할이 없는 처지라 금액을 깎는 역할이라도 해야 체면이 서기 때문에 그러는 것이라는 이야기였다. 나는 상황을 판단한 후 다시 사장실로 들어가 못이긴 척 하고 2%를 제안하였다. 그랬더니 사장이 더 깎아달라고 사정하여 결국 당신이 이겼다며 4%에서 합의를 보게 되었다. 그랬더니 사장은 나더러 "유 윈!"이라며 엄지를 치켜세워 주었다. 그렇게 한국에서 처음으로 이란 기업과 계약을 맺는 데 성공한 것이었다.

한번은 밤 10시에 도착했는데 공항검색에 걸려 고초를 치르기도 했었다. 공항 검색원이 내 여권을 보더니 갑자기 나를 가로막고 서더니 장○○을 아냐고 물어온 것이다. 아마도 장○○이 과거에 검색원을 속이고 사고를 친 모양새였다. 내가 그와 같은 장씨다 보니 봉변을 당하게 된 셈이었다. 외국인들은 성씨가 같으면 모두 친척이라고 인식하는 모양이었다. 나는 모른다고 했으나 검색원은 내 말을 믿지 않는 눈치였다. 급기야 내 여권을 가지고 가더니 내일 출입국관리소에 찾으러 오라고 하는 것이 아닌가, 나는 하도 어이가 없어 도움을 요청하고자 아자람 회사의 담당 친구에게 전화를 하였다. 하지만 그는 내 전화를 받지 않았다. 나중에 알고 보니 전화를 받을 경우 회사가 엮이게 되어 곤란해질까 봐 그랬다고 말하는 것이 아닌가. 어쩔 수 없이 나는 여권 없이 하룻밤을 보내고 다음 날에야 겨우 여권을 손에 쥘 수 있었다.

또 한 번 여권 때문에 이란 공항 입국 당시 고초를 겪은 적이 있었다. 내 여권에 미국 입국도장이 너무 많이 찍혀 있어 검색원에게 걸린 것이다. 결국 나는 이란 정보국으로부터 미국중앙정보부 요원으로 오해 받아 입국이 거부되는 지경에까지 빠졌다. 다행히 현지의 한국인들과 한국 외교부 측의 도움을 받아 겨우 위기를 모면했지만 아찔한 순간이 아닐 수 없었다.

이렇게 자주 이란을 드나들면서 신뢰관계가 만들어지자 이란 회사의 사람들이 전부 나를 좋아해주었다. 그들은 나를 데리고 다니며 자신들의 시설을 보여주기까지 했다. 테헤란Teheran에 있는 기업들을 다니며 시설을 둘러보고 그들과 회의까지 하며 조언을 해주기도 했다. 또 테헤란에서 4시간이나 떨어져 있는 아라크Arak란 곳까지 가서 공장 시설을 둘러보았는데 거기에 무기를 생산하는 공장들도 여럿 있었다. 그들은 나를 자신들의 집에 초대해 식사를 대접해주고 잠자리를 제공하기도 했다. 나는 보답으로 그들에게 지난 나의 경험과 지식을 총동원하여 조언해주기를 마다하지 않았다.

이란의 기업들은 국영기업으로 시설들은 우리나라 현대중공업 정도로 많은데 제대로 활용을 하지 못하고 있는 것들이 즐비했다. 이에 나는 이런 시설들을 활용하여 최대의 효과를 내는 방법에 대해 조언해주었는데 이것이 뜻밖의 결과로 나타났다. 우리 일성에게 그 사업권을 주겠다는 것이었다. 이로써 일성은 이란 시장 개척으로 무려 1,300만 불이라는 수주를 따게 된다. 처음에 작은 규모의 부품 건에 불과했던 일이 이처럼 큰 결과로 나타나게 된 것이다.

꼴찌를 일등으로 만들어버린 사우디 기업 수주

한번은 사우디아라비아 국영 석유화학회사 사빅SABIC에 견적서를 냈다. 그런데 알고 보니 이 수주 경쟁에 여섯 개의 기업이 뛰어들었고 놀랍게도 우리 일성이 낸 견적이 그중 가장 높은 상태로 밝혀졌다. 견적이 가장 높다는 것은 곧 우리 일성이 이 수주 경쟁에서 꼴찌라는 것을 의미한다.

이런 일에 그대로 굴복할 내가 아니었다. 나는 당장 싱가포르로 날아갔다. 담당자를 만나 보니 예상대로 우리 일성은 아예 수주대상에서 제외해놓은 상태였다. 이미 늦었다고 말렸지만 나는 내용을 파악한 후 다시 조정 견적서를 보냈다. 그뿐만 아니라 치프 엔지니어를 만나 그와 친분을 쌓기 위해 노력했다. 처음엔 시큰둥했으나 조금 시간이 지나자 그도 나의 진정성을 알아주었다. 이후로 나는 몇 번을 더 싱

가포르로 날아가 치프 엔지니어와 친분 쌓는 일을 계속해 나갔다. 얼마 지나지 않아 치프 엔지니어는 나를 신뢰하게 되었고 결국 일성이 최종 수주를 따게 되었다. 그때 내가 낸 조정 견적서와 치프 엔지니어와의 신뢰관계가 큰 역할을 하였으며 꼴찌를 일등으로 만들어낸 쾌거라 하지 않을 수 없었다.

이 일 이후로 업계에서는 장세일이 나타나면 자기들은 아예 포기해야 한다는 자조 섞인 말이 나돌곤 했다. 그만큼 나는 일에 대해서는 철저했고 끈질겼다. 적어도 일에 대해서만큼은 포기란 없다. 나는 이것이야말로 기업가 정신이라고 생각한다. 대개 사람들은 조금 어렵다 싶으면 지레 포기해버리고 만다. 그래서는 일을 이룰 수 없다.

《성경》에 보면 한 중풍병자를 고치기 위해 네 사람이 지붕을 뚫고 예수에게 들어오는 장면이 나온다. 당시 상황은 예수에게 병 고침을 받기 위해 사람들이 구름떼처럼 몰려들어 중풍병자를 든 친구들이 도저히 예수가 있는 집에 들어갈 수가 없던 상태였다. 그런데도 이 친구들은 포기하지 않았다. 그래서 생각해낸 것이 좌우로는 안 되니까 위로 뚫는 방법이었다. 그들은 어떻게 이 기발한 생각을 해낼 수 있었던 것일까?

나는 이것이 믿음의 차이 때문에 나타나는 결과라고 생각한다. 그들은 반드시 예수에게 병 고침을 받을 것이라는 믿음이 있었기 때문에 불가능을 가능하게 만드는 아이디어를 착안해낼 수 있었던 것이다. 나 역시 어떤 일이든 이룰 수 있다는 믿음과 자신감이 있다. 그렇기에 나는 웬만한 일에 대하여 포기하지 않는다. 물론 자신의 일에 대한 믿음과 자신감의 바탕에는 반드시 실력이 뒷받침되어야 한다. 내 실력에 대한 믿음이 있기에 어떤 어려운 일도 포기하지 않고 불도저처럼 밀고 나갈 수 있는 것이다.

시작부터 모험을 걸기보다 '안정적 성장'에 목표를 두었다.
그러나 사업이 안정화되고 성장하기 시작할 때부터
국내는 좁다는 생각에 해외로 눈을 돌렸다.
내 실력에 대한 믿음이 있기에 어떤 어려운 일도 포기하지 않고
불도저처럼 밀고 나갈 수 있었던 것이다.

사우디 기업 납품을 위해 런던까지 날아가다

용자가 미인을 얻는다는 말도 있듯 나는 일을 얻기 위해서도 용기가 필요하다고 생각한다. 나는 일을 할 때면 용기 있게 밀어붙이는 성격이 있다. 한번은 사우디아라비아에 출장을 다니면서 만난 사우디 친구가 우리나라 대림에 나와 있다는 소식을 들었다. 나는 당장 그 친구의 전화번호를 알아내어 그에게 연락을 취했다. 그리고 우리 일성의 데이터를 주면서 사우디 회사에 우리 일성을 알리기 위해 노력했다. 그리고 일을 이루기 위해 사우디 본사로 날아갔다.

그런데 사우디 현장에 가보니 미국 회사 하나가 개입되어 있다는 사실을 알게 되었다. 미국 회사가 이미 사우디 회사에 붙어 손을 쓴 상태였던 것이다. 주인은 정해져 있던 상황이었다. 하지만 나는 이런 상황에서도 포기하지 않았다. 먼저 담당자와 만나 사실관계부터 파악

사우디 기업의 프로젝트 총책임자를 만나기 위해 런던까지 날아가 수주를 따내다

했다. 그리고 내 주장만 밀어붙이지 않고 현재의 상황에 맞는 적절한 조정을 잘 해내기 위해 노력했다. 이를 위해 담당자의 입장을 고려한 후 그 입장에 맞추어 내 입장을 조금씩 내비치었다. 우리가 상대와 관계를 맺을 때 절대 한 번으로 끝낼 생각을 해서는 안 된다. 이 때문에 나는 세 번이나 사우디로 날아가 담당자와 좋은 관계를 맺기 위해 노력을 거듭하였다. 그렇게 하여 나는 결국 사우디 회사의 수주를 따내는 데 성공하게 된다.

사우디아라비아 기업 중 앞에서도 언급했던 사빅에 우리 일성은 물건 납품을 많이 했었다. 내가 처음 이 기업을 뚫기 위해 큰아들과 함께 사우디아라비아에 날아갔을 때 사빅의 전무이사(사우디아라비아인)가 런던London에 있다는 소식을 들었다. 그는 우리가 수주하려는 프로젝트의 총책임자였다. 게다가 프로젝트 담당 엔지니어도 런던에 가 있다는 정보를 얻어냈다. 나는 전무는 실권이 없고 담당 엔지니어에게 실권이 있다는 정보를 알아내고 당장 큰아들과 함께 엔지니어를 만나기 위해 런던으로 날아갔다. 런던에 도착했을 때가 캄캄한 밤이었다. 택시를 잡아타고 엔지니어가 있다는 곳까지 달렸는데 얼마나 먼지 무려 두 시간이나 걸려 겨우 도착했다. 그곳은 런던 변두리에 있는 시골 구석에 있는 곳이었다. 택시 운전사는 우리에게 이렇게 오랜 시간 택시를 타는 사람을 처음 봤다고 이야기했다. 그도 그럴 것이 런던의 택시비는 살인적이기로 유명했기에 런던에서 이처럼 오랜 시간 택시를 타는 사람은 본 적이 없는 게 당연했다.

이 야밤에 그 비싼 택시비를 물고 달려온 우리를 보고 엔지니어는 깜짝 놀란 표정을 지어 보였다. 그리고 곧 우리의 열정에 감동했다며 이 정도의 열정이라면 일을 맡겨도 되겠다는 관심을 보여주었다. 이런 노력을 통하여 일성은 사빅의 수주를 따게 되었다.

일성의 특징은 이렇게 딴 수주를 통하여 마치 새끼를 까듯 계속하여 수주가 이어지게 한다는 데 있다. 물론 이런 결과를 만들기 위해서는 최고의 기술력으로 최고의 제품을 기일 안에 납품하는 약속을 지켜내야 한다. 이후 일성은 사빅을 통하여 2차, 3차 수주를 받는 것은 물론 사빅을 통하여 미국, 일본과도 연결되는 좋은 결과를 얻게 된다.

중국 시장 개척 이야기

2004년 무렵 일성이 국내 태광산업의 공장 짓는 일을 많이 하고 있을 때였다. 태광산업이 중국에 스판덱스spandex, 섬유의 일종 공장을 짓게 되었는데 이 때문에 태광산업의 담당이사가 나에게 자문을 구해왔다. 2004년이면 중국이 문호를 열어 우리나라 기업들 사이에 초기 중국 진출 러시가 일어날 무렵이다. 나는 기회가 왔다는 생각에 속으로 환호성을 질렀다.

사실 내가 중국 시장의 문을 처음 두드린 것은 10년도 더 거슬러 올라가는 1994년도 무렵이었다. 우리나라와 중국의 국교수립이 이루어진 지 얼마 되지 않은 시점이어서 우리나라 기업 진출이 아직 미미할 때였다. 동남공단 이사장과 함께 중국의 주요 도시를 방문했는데 대부분 공장들이 다 녹슬어 있고 엉망인 상태였다. 이런 곳에서 일할 수 있겠나 싶을 정도였다. 그나마 청도靑島, 칭다오 아래에 있는 려동麗東, 리둥이란 곳에 우리나라 GS칼텍스가 자기들 공장을 짓고 있기에 거기

참여하려고 했으나 단가가 맞지 않아 일을 진행할 수가 없었다. 그냥 기계 납품 몇 개 하는 것으로 만족해야 했다.

이런 기억을 갖고 있던 나였기에 태광산업 건은 호재다 싶어 적극적으로 이 일에 매달리기 시작했다. 그런데 중국의 담당 공무원 국장이 건설 면허가 있어야 이 일을 할 수 있다며 막아섰다. 당시 일성은 건설 면허가 없었으므로 난감하지 않을 수 없었다. 나는 중국이 문호는 개방했지만 여전히 공산국가 시스템이어서 이 부분을 통과해야만 중국 진출을 할 수 있다는 판단 아래 건설 면허를 내기 위해 수소문했다. 그런데 건설 면허를 내는 데 무려 1년이나 걸린다는 것이 아닌가. 이래서는 일을 할 수 없는 상황이었다.

결국 담당 국장에게서 방법을 찾는 수밖에 없었다. 나는 특유의 친밀감으로 담당 국장에게 다가섰고 그의 마음을 얻는 데 성공했다. 담당 국장은 나에게 자문회사를 만들면 허가가 빨리 날 수 있다는 정보를 알려주었다. 자문회사를 만들기 위해서는 무려 1,000장이나 되는 서류를 만들어야 했는데 이때에도 담당 국장은 내가 묵고 있던 호텔까지 찾아와 직원을 호텔에 상주시키기까지 하며 일주일 동안 서류 만드는 것을 도와주었다. 덕분에 어렵지 않게 서류 작업을 마칠 수 있었으며 자문회사를 설립할 수 있게 되었다. 그리고 곧 허가가 나서 일을 시작할 수 있게 되었다. 인간관계의 중요성을 다시금 실감하게 되는 순간이었다.

중국에 공장 짓는 일을 우리 인력만으로는 할 수 없었기에 중국업체에 하청을 줘야 하는 상황이었다. — 우리 직원들은 감독으로 일할 사람만 파견하면 되었다. — 당시 중국말이라곤 비행기 타고 가면서 본 회화책이 전부일 정도였는데도 나는 기적적으로 토목, 석유 구조물, 기계, 전기 계장 등의 분야에 대한 업체 선정을 꼼꼼하게 다 해낼 수 있었다. 일을 진행할 때 하청업체 선정은 곧 일의 승패가 달려 있다 할 정도로 중요한 작업이다. 지금 생각해보면 그때 중국어도 초보인데 어떻게 업체들과 면담하고 입찰서 접수하여 업체를 선정하는 일까지 해낼 수 있었을까, 아득하고 신기하기만 하다. 말도 잘 통하지 않는 상태에서 업체를 선정한다는 게 얼마나 힘든 일인지 모른다. 당시 전기업체는 소주苏州, 쑤저우, 토목 철 구조 관계는 상해上海, 상하이, 다른 배관 관계는 항주杭州, 항저우에서 오는 등 각기 다른 곳에서 왔기에 일처리가 쉽지 않았는데 하나님이 도우셔서 잘 처리할 수 있었다고 생각하고 있다.

공장을 지어야 할 장소는 상해上海, 상하이에서 3시간 이상 가야 하는 양자강 揚子江, 양쯔강 근처에 위치해 있는 상숙常熟, 창쑤이란 도시였다. 이곳의 인구가 170만 명으로 중국은 웬만한 도시의 인구가 우리나라 대도시 인구와 맞먹는다. 공사기간은 8개월 정도 걸렸는데 이때 일성이 맡은 역할은 공사 전체를 관리 감독하는 일이었다. 우리에게 의뢰한 중국 기업은 항주, 소주까지 걸쳐 있었기에 나는 거기도 왔다 갔다 하면서 컨설팅해주는 일까지 해주었다. 이때 커미션으로 받은 돈도 꽤 두둑했다.

한번은 중국 공무원이 나에게 골프 칠 줄 아냐는 말을 걸어왔다. 칠 줄 안다고 했더니 자기도 잘 친다며 함께 골프를 치게 되었다. 그런데 알고 보니 이 사람이 골프가 처음인 초짜였다. 공을 치는데 공은 건드리지 못하고 몸만 뱅그르르 도는 모습을 보고 얼마나 웃었는지 모른다. 그리고 함께 사우나를 갔는데 바닥에 때가 쫙 깔려 있는 모습을 보고 아찔했던 기억이 떠오른다. 이후 나는 중국 시장 개척을 위해 50여 차례 이상이나 중국으로 날아가 중국 시장 개척을 위해 힘썼다.

'일성'이라는 회사명과 사훈

기업을 세우려 할 때 제일 처음 맞는 중요한 문제가 회사명과 기업의 이념이다. 삼성, 현대, LG럭키금성 등의 회사명은 분명 이들을 일류 기업으로 이끄는 데 큰 몫을 했을 터이다. 이에 나도 처음 회사명을 정할 때 고민하지 않을 수 없었다. 누구나 그렇듯, 기업을 시작할 당시 나의 가슴도 이미 세계, 아니 우주까지 뻗어 있는 상태였다. 그때 수많은 별과 태양이 보였다. 그리고 자연스럽게 일성해 日, 별 星이라는 단어가 떠올랐다. 이글거리는 태양의 열정을 가지고 수많은 별들처럼 빛나는 기업으로 성장해간다면 더없이 아름다울 것이 틀림없었다. 일성이라는 이름은 그렇게 지어졌다. — 1984년 3월에 처음 시작할 때는 '일성공영'이었으나 2000년 6월 '일성엔지니어링'으로 1차 사명을 변경하였다. 그리고 2007년 1월 (주)일성으로 2차 변경하여 최고의 전성기를 맞게 된다. 이후 (주)일성은 시련의 시기를 겪으며 2017년 1월 일성 하이스코로 3차 변경하여 오늘에 이르고 있다.

기업명 다음으로 중요한 것이 기업의 철학이다. 사람이 어떤 일을 시작할 때 자신만의 철학도 없이 하게 되면 목표도 흐려지고 성과도 낮게 나타나기 마련이다. 하물며 기업을 하는 데 철학도 없이 한다면 이는 큰 허점을 가지고 시작하는 것이나 다름없다. 나는 일성을 시작하면서부터 신뢰를 바탕으로 성장하는 기업을 꿈꾸었다. 결국 신뢰받는 기업이 되어야 성장할 수 있다고 믿었기 때문이었다. 어떻게 하면 타인으로부터 신뢰를 받을 수 있을까? 먼저 기업적으로는 상대가 만족할 수 있는 실력을 갖추어야 할 것이고 무엇보다 거짓말을 하지 않고 약속을 지켜야 할 것이다. 나는 이것을 생명처럼 여기며 회사를 꾸려 나갔다. 또 하나 인간관계에서의 신뢰도 중요하다고 생각했다. 오너의 입장에서 중요한 인간관계는 거래처도 중요하지만 일단은 먼저 직원과의 관계가 중요하다. 직원들로부터도 신뢰받는 오너가 되어야 회사를 잘 성장시켜 나갈 수 있다. 이를 위해 모든 것을 직원들 입장에서 생각하는 것이 필수라 생각되었다. 나는 이를 바탕으로 다음과 같은 일성의 사훈을 세웠다.

'일하는 자에게 풍요로운 생활을'

'일은 스스로 찾아 하고 책임을 진다'

'운영은 민주적이고 자율적으로'

일반적 회사의 사훈은 경영자의 입장에서 만들어진 것들이 많다.

하지만 나는 철저히 직원 입장에서 생각하고 사훈을 만들었다. 그래야 신뢰를 얻을 수 있다고 생각했기 때문이었다. '일하는 자에게 풍요로운 생활을'은 그런 차원에서 나온 사훈이다. 이것을 바탕으로 나는 최대한 직원들을 대우해주고 복지에도 신경을 쓰기 위해 노력했다. 이후 일성은 무노조 경영으로 이름이 나게 되는데 위의 사훈을 부단히 지키려 노력한 결과라 할 수 있을 것이다.

직원들이 그냥 대우만 잘 받으면 좋을 것 같지만 일의 성취감을 느끼게 해주는 것도 중요하다. 이때 회사에 대한 직원들의 신뢰도는 더욱 커지게 마련이다. 성취감을 얻기 위해서는 효율적으로 일하는 것이 필요한데 이를 위해 자율과 책임이라는 시스템은 필수적이다. 강제로 일을 시키면 기계처럼 일하게 되고 효율은 떨어지게 마련이다. 나는 자율적으로 일을 하게 하는 원리를 유공 근무 시절에 배웠다. 내가 유공에 처음 들어갔을 때 회사 분위기가 아주 자유스럽다는 것을 느꼈다. 당시 권위적인 시절에 이런 사내 분위기를 만들 수 있었던 것은 유공이 회사 규정을 만들 때 미국 걸프사Gulf oil corporation의 영향을 받았기 때문이었다. 나는 모든 것을 자율적으로 자기 스스로 하도록 하는 분위기가 내 스타일과 맞아 매우 좋아해 일성에도 그대로 적용하고 싶었다. 그러나 사훈을 만드는 것은 신중해야 한다는 생각에 여러 참고자료도 많이 보고 난 후 '일은 스스로 찾아 하고 책임을 진다'와 '운영은 민주적이고 자율적으로'의 사훈을 만들어낼 수 있었다. 이 사훈 덕분에 일성은 굳이 경영자가 일일이 간섭하지 않고 직원들끼리

누구나 그렇듯, 기업을 시작할 당시
나의 가슴도 이미 세계, 아니 우주까지 뻗어 있는 상태였다.
그때 수많은 별과 태양이 보였다. 그리고 자연스럽게
일성(해日, 별星)이라는 단어가 떠올랐다.
이글거리는 태양의 열정을 가지고 수많은 별들처럼 빛나는 기업으로
성장해간다면 더 없이 아름다울 것이 틀림없었다.
일성이라는 이름은 그렇게 지어졌다.

일하게 놔둬도 톱니바퀴처럼 잘 돌아가는 조직 시스템이 만들어질 수 있었다. 또한 '노勞를 존경하는 경經', '경經을 신뢰하는 노勞'라는 '공감 경영'과 조직 구성원 모두가 회사 일을 공유하는 '열린 경영'이 실제로 이루어지게 되었다. 이 또한 일성의 무노조 경영에 이바지하였음은 두말할 나위없다.

수출 100만 불에서 2억 불 달성까지 27년 만에 200배 성장!

전 세계를 날아다니며 열심히 노력한 결과 일성은 2010년 수출 2억 불을 달성하는 성과를 이루어냈다. 처음 25평 사무실 하나 두고 유공의 정비 공사를 시작할 때를 생각하면 그야말로 눈부신 발전이라 하지 않을 수 없었다.

이제 일성은 석유화학, 화학공장, 유전 개발에 쓰이는 열교환기와 압력용기, 탑조류, 응축기, 반응기, 연료가스스팀발전기, 가열로, 모듈 등 각종 장비들을 모두 생산해낼 수 있는 대표적 석유화학 플랜트 생산 기업으로 성장해 있었다. 이 제품늘을 생산하기 위한 6만여 평 규모의 공장시설은 대기업 못지않았다. 거래처도 글로벌 플랜트 엔지니어링사인 벡텔Bechtel, 쉘Shell, 액손모빌ExxonMobil, 테크닙Technip, JGC, 치요다Chiyoda, 플루어Fluor, 스톤앤웹스터Stone & Webster사 등으로 중동,

2010년 11월 30일
제47회 무역의 날 행사에서
이명박 대통령으로부터
금탑산업훈장 수상 모습

동남아시아, 아프리카, 중남미, 북미 지역 등 세계 20여 개 나라에 제품을 납품하고 있을 만큼 확장되었다.

기술적으로도 국제인증코드인 ASME Code(U, U2, U3, S, PP, N, NA, NPT, NS STAMP) 제조사 자격을 획득하였을 뿐만 아니라 HSB에서 발행하는 ISO 9001 품질인증서를 획득하였다. 또한 China Ministry of Labor로부터 승인받은 Special Equipment License에 OSHAS 18001을 획득하여 대외적으로 인정받는 기업이 되었다. 게다가 한국가스안전공사에서 발행하는 ISO 14001, ISO 18001을 인증받아 가스 부분에서도 손색없는 기술력을 가지게 되었다. 이러한 하드웨어적 기술뿐만 아니라 소프트웨어적으로도 모든 업무를 통합된 하나의 프로세스로 관리할 수 있게 해주는 ERP 업무전산화(생산, 자재, 장비, 외주, 예산, 수금관리) 시스템을 업계 최초로 도입했는데 이것 역시 대단한 기술적 성과라 하지 않을 수 없다.

2008년 12월 15일
청와대 방문
이명박 대통령 및
기업인들과 오찬

국내 매출에만 신경 쓰고 있던 1990년대 초반 일성은 수출에 눈을 뜨기 시작했고 1993년 100만 불 수출로 첫 걸음마를 내디뎠다.

그 사이 앞에서 언급한 여러 발전들을 이루어내면서 일성의 수출 규모는 2007년 1억 불을 훌쩍 넘어서면서 세상의 관심을 받게 되었다.

그리고! 2010년 수출 2억 불을 달성했을 때는 세상을 조금 놀라게 했던 것 같다. 2010년이면 세상에 무슨 일이 일어나고 있던 때인가? 2008년 미국발 금융위기로 전 세계가 글로벌 경기침체 속에서 헤매고 있던 때 아닌가. 이때 가장 큰 타격을 입은 분야가 수출부문이기도 했다. 그런데 일성은 도리어 위기 때 더 많은 수출실적을 달성했으니 세상이 놀라지 않을 수 없었던 것 같다. 2010년 수출 2억 불 달성의 성과는 전년 대비 무려 50%가량 늘어난 결과였기 때문에 더욱 놀라움을 던져주었다. 1993년 100만 불이었던 것이 2010년 2억 불로 27년 만에 수출이 200배 성장하는 결과를 이루어내고야 말았다.

2009년 1월 20일
미국 오바마 대통령
취임 리셉션

당시 나는 이러한 성과를 바탕으로 2009년에는 한국을 빛낸 올해의 무역인으로 선정되는가 하면 2010년에는 서울 삼성동 코엑스에서 있었던 제47회 무역의 날 기념식에서 이명박 대통령으로부터 금탑산업훈장을 수여받는 영광을 누리기도 했다.

25평 사무실에서 6만여 평 공장까지!

일성의 성장과정은 하드웨어적으로 공장의 크기가 대변해주고 있다는 생각이 들어 추억을 더듬어본다. 처음 일성이 1984년 매입한 공장이 500평 정도 규모였다. 그것도 좁은 도로에 위치해 있었고 경사진 땅 위에 지어진 열악한 공장이었다. 일성은 이 공장을 1989년까지 사용하다가 사세 확장으로 인해 더 큰 부지로 이동하게 된다.

1989년 말에 일성은 울산 남부에 위치한 온산공업단지 안에 있는 화산리에 2,500평 규모의 공장으로 확장 이전하게 된다. 이때부터 일성은 획기적으로 발전하기 시작해 공장부지도 점점 넓어지게 된다. 화산리에 2,500평 공장을 신축하자마자 얼마 안 되어 길 건너편에 2,500평 공장을 더 얻어 확장하게 된다. 하지만 이 공장시설만으로도 밀려오는 물량 감당이 안 되어 더 많은 공장을 지어야 했다. 결국 인근에 3공장, 4공장, 5공장까지 얻게 되었는데 이 일들이 불과 2~3년에 핑

장히 급진적으로 이루어지고 있었다.

이 당시 나는 뭐든 할 수 있겠다는 자신감에 충만해 있었다. 사실 이 정도 성과가 나면 누구라도 자신감이 치솟을 수밖에 없었을 것이고 나 역시 그랬다. 나는 일성의 미래를 생각하며 조금 욕심을 내어 온산공단 내 바닷가에 위치한 이진리 쪽에 땅을 보러 다녔다. 일성은 수출하는 기업이고 해상을 통하여 제품이 오가기 때문에 바닷가 쪽에 공장을 지어야겠다고 생각했기 때문이었다. 그렇게 발품을 판 끝에 나는 이진리 쪽에 당시 땅과 바다를 합쳐 4만 평에 달하는 엄청난 부지를 사들였다. 아마도 그때가 1998년도였던 것으로 기억한다. 하지만 이 꿈은 훗날 틀어지게 된다. 이후 미국 켄터키주의 한 기업의 대금 미납 사건으로 생긴 손실을 메우기 위해 이 땅을 팔아야 했기 때문이었다. 이때 내 가슴이 얼마나 미어졌는지 모른다. 비록 바닷가 쪽에 공장을 짓겠다는 나의 꿈은 멀어졌지만 그것이 일성의 발전을 막을 수는 없었다. 꿈은 이루어진다고 했듯 일성의 공장 확장은 다른 쪽에서 계속되었기 때문이다.

2000년대에 들어섰을 때는 일성은 당시의 공장들만으로는 물량 감당이 안 되어 결국 현재의 일성이 위치하고 있는 온산공단 내 원산리에 1만8천 평 규모의 공장으로 이전하게 된다. 이때에도 일성의 발전은 눈부셔 공장부지의 확장은 멈출 줄을 몰랐다. 1만8천 평으로도 모자라 2만2천 평 공장을 더 확장하였으며 뒤이어 1만5천 평 공장으로까지 더 확장해야 할 정도가 되었다. 이런 일들이 2000년 초부터 시

1990년 1월 6일 울산 화산리 본사 사옥 준공식과 공장의 모습

2009년 5월 15일 일성의 공장전경 무인헬기 촬영본

작하여 2006년 정도에는 본격화되었으며 2008년도까지 마무리된 것이 거의 6만 평에 달하는 규모의 공장으로까지 성장해 있었다. 현대중공업의 온산공단 공장부지에 버금가는 규모인 것을 감안할 때 이때 일성의 공장 규모가 어느 정도까지 커졌는지를 가늠할 수 있을 것이다. 이렇게까지 규모가 커지자 아침에 한 바퀴 돌려고 하면 한 시간 반에서 두 시간이나 걸리곤 했었다.

25평 사무실에서 시작한 일성이 처음 500평의 공장을 갖게 되고 2,500평으로 확장하게 되었으며 어느덧 6만 평에 달하는 공장으로 커져간 모습은 마치 일성이 어린아이 때부터 성장하고 발전한 모습의 상징처럼 보이기도 해 감개무량하기도 하다.

산업대상부터 금탑산업훈장까지!
일성이 누린 영광들

최선을 다하고 결과는 하늘에 맡긴다는 진인사대천명盡人事待天命은 참 좋은 말이다. 나는 최선을 다하고 결과는 하늘에 맡겼는데 하늘은 좋은 결과로 나에게 응답을 보내왔다. 일성의 발전을 선물로 주었으며 더불어 개인적으로도 좋은 보상을 받은 시간을 가질 수 있었다.

돌아보니 지난 30여 년 동안 나와 일성에게 주어진 상훈들이 많았다. 경남산업평화대상, 최고경영자대상, 산업평화산업포장, 글로벌경영대상, 대통령표창, 경영자대상, 건국60주년 특별공로상, 한국을 빛낸 올해의 무역인, 전국모범중소기업인상, 자랑스러운 신한국인상, 노사협력 우량기업, 금탑산업훈장 등 일일이 열거하기 어려울 정도로 과분한 상을 많이 받았다.

그중 1991년 수상했던 경남산업평화대상은 당시 인기 탤런트로

부상했던 고현정 씨가 시상식 때 나와 인터뷰를 해서 더욱 기억에 남는다. 1995년 김영삼 대통령 시절 국가산업 발전에 기여한 공으로 대통령표창을 받았던 것도 기억에 남는다. 특히 2002년 3월 20일에 상공의 날을 맞이하여 김대중 대통령으로부터 받은 서신이 기억에 남는다. 당시 김대중 대통령은 수출에 기여한 공로를 치하하면서 다가오게 될 월드컵 개회에도 많은 역할을 해달라는 당부를 했다.

2008년 수상했던 건국 60주년 특별공로상은 당시 수출에 기여한 기업인 중에서 타의 모범이 되는 단 4명에게만 주는 상이어서 더욱 특별했다. 2008년은 일성이 수출 1억8천만 불을 달성해 1억 불 수출탑을 수상하기도 한 해였다. 한편 2009년 수상한 '한국을 빛낸 올해의 무역인상'도 6만4000여 무역협회 회원사 가운데 2009년에 가장 두드러진 수출 활동을 보인 최고경영자CEO에게 주어지는 상이어서 매우 자랑스러웠다.

2010년은 잊을 수 없는 한 해가 되었다. 일성이 2억 불 수출을 달성한 해이기도 했고 개인적으로 제47회 무역의 날11월 30일을 맞아 수출기업인으로서는 최고의 영예인 금탑산업훈장을 수상하게 되어 더욱 뜻깊었다.

나에게 수여된 과분한 상들을 보며 이것이 나만의 공로로 이루어진 결과가 아니라 적게는 일성의 전 임직원, 나아가서는 이 사회와 국가의 피와 땀으로 이루어진 결과라는 생각을 하게 되었다. 따라서 나는 일성의 전 임직원과 사회, 그리고 국가에 빚을 진 셈이 되므로 이들에게 은혜를 갚아야 하는 책임도 가져야 한다. 나는 나만의 무대를 펼쳐보고자 일성을 세웠지만 이후 일성의 발전은 더 이상 나만의 것이 되어서는 안 되는 상태에까지 다다랐다. 국가의 주인이 국민인 것처럼 이제 일성의 주인도 내가 아니라 사원이 되어야 한다. 처음 세운 일성공영은 개인회사에 불과했지만 대표적 수출기업으로 성장한 일성은 더 이상 개인 기업이 아니라 사회적 기업이 되어야 한다. 나는 과거로부터 지금까지 이 생각을 중심으로 회사를 경영하고 모든 거래처와의 인간관계를 맺어나갔다. 덕분에 사원과의 신뢰관계를 얻어낼 수 있었고 거래처와의 신뢰관계도 이루어낼 수 있었으며 일성의 발전과 함께 과분한 영광도 누릴 수 있었다. 이제 나에게 남은 과제는 내가 받은 선물을 나에게 은혜를 준 사람들에게 나누어주는 일이다. 나의 남은 삶은 이 일을 위해 최선을 다하는 것으로 귀결될 것이다.

실력으로 이룬 석유화학 플랜트의 국산화 기술이 핵심!

일성의 해외진출이 본격적으로 시작된 1990년대 중반까지 일성의 매출은 국내가 90% 이상이었다. 하지만 해외 수출이 본격화되면서 일성의 매출 점유율은 국내 10%, 수출 90%로 바뀌게 되었다. 이때부터가 일성이 본격적 수출 기업으로 떠오르는 순간이었다. 이처럼 일성이 국내 대표적 수출 중견기업으로 성장하게 된 배경에는 국산화 기술이 있었다는 사실을 주지해야 한다.

사실 내가 처음 나만의 무대를 만들어야겠다고 결심하고 일성을 세운 이유에 석유화학 플랜트의 국산화 기술이 있었다. 유공에 근무할 당시 나는 실력을 쌓아나가면서 왜 모든 부품을 수입에 의존해야 하는지가 불만이었다. 우리도 조금만 더 연구하면 국산화를 이뤄낼 수 있는데 거기에 관심 있는 사람들이 별로 없었다. 아니 이 부분에 대해서는 꿈도 꾸지 않는 모양새였다. 나는 실력을 쌓아나가면서 점점 국산화 기술을 이뤄낼 수 있다는 자신감을 키워나갔다. 그리고 일성을 세운 후 본격적으로 추진한 것이 모든 석유화학 플랜트의 국산화 기술 개발이었다.

처음 사업을 시작할 때는 조그마한 것도 전부 수입해야 하는 상황이었다. 각각의 부품을 수입해서 이걸 용접하고 연결하여 장치를 만들어내고 있었는데 이게 간단한 문제가 아니었다. 게다가 당연히 단가를 높이 쳐줘야 하니 마진이 낮을 수밖에 없었다. 이렇게 석유화학 플랜트의 국산화는 가장 큰 당면과제로 다가오고 있었다.

석유화학 플랜트의 장비와 부품들은 고온 고압을 이겨내야 하기 때문에 특수한 기술을 필요로 했다. 당시는 이러한 제작의 기본관계도 잘 모르고 있던 시절이었다. 하지만 나는 유공 때의 경험을 토대로 국산 장비와 설비를 만들어내는 작업에 돌입하였다. 사람들은 대개 기술을 배우기 위해 선진국을 견학하곤 하는데 나는 이 방법을 쓰지 않았다. 각각의 부품이 만들어지기 위해서는 철저한 검사 규정을 통과해야 한다. 나는 이 검사 규정에 주목했다. 왜냐하면 검사 규정을 통과하는 것이 곧 그 기술에 도달하는 것을 의미했기 때문이었다.

나는 검사 규정, 특히 미국의 검사 규정에 맞는 부품을 만들어내는 데 모든 힘을 쏟아부었다. 이렇게 하나하나 석유화학 플랜트 부품의 국산화를 이뤄나가기 시작했다. 그리고! 어느 순간 일성은 국내 최초로 석유화학 플랜트의 100% 국산화를 이루는 데 성공하게 된다. 물론 100% 국산화가 단기간에 이뤄진 것은 아니며 10년여의 기간 동안에 하나하나 이뤄진 것인데 내 입장에서는 어느 날 갑자기 이뤄진 것처럼 느껴졌다. 왜냐하면 언제까지 국산화를 이루겠다는 목표를 두고 진행한 것이 아니라 한 부품씩, 한 부품씩 국산화를 이루는 데 집중했기 때문이었다. 그러다 보니 마지막 부품의 국산화가 이루어지는 순간이 100% 국산화를 이루는 때가 되어 나도 모르게 갑자기 이루어진 것처럼 느껴졌던 것이다.

이렇게 일성의 100% 국산 부품으로 만들어낸 석유화학 플랜트 기술은 단지 국산화를 이루었다는 의미를 넘어 세계적 수준으로까지 성장하게 된다. 일성의 석유화학 플랜트 기술이 세계 수준에 견주어도 손색이 없는 위치에까지 오를 수 있었기 때문이다.

일성의 석유화학 플랜트의 100% 국산화 달성은 일성 입장에서는 또 다른 의미를 지니게 된다. 회사적으로는 수입해서 쓸 때보다 마진이 더욱 많이 남게 되므로 회사에 더 많은 이익을 가져다주는 계기가 되었다. 대외적으로도 기술력을 인정받고 제품의 품질이 좋다는 소문이 나 세계 유수의 기업들로부터 러브콜을 받게 되었다. 그러다 보니 내수 위주의 기업이 수출 위주의 기업으로 탈바꿈할 수 있게 되었던 것이다.

일성의 100% 국산화 기술 달성은 사회적으로도 의미를 갖는 계기가 된다. 왜냐하면 지역사회에서 좋은 평판을 얻게 되므로 자연스레 기업의 이미지도 좋아지게 되었다. 이것이 소문이 나 일성은 여러 상훈을 받게 되었으며 국가적으로도 인정받는 수출 기업으로 우뚝 설 수 있게 되었기 때문이다.

사람들은 나에게 어떻게 일성이 100% 국산화 기술을 이룰 수 있었는지 그 비결을 묻곤 하는데 이때 대답하기가 참 난감할 때가 있다. 나는 무슨 비결을 가지고 국산화 기술을 달성한 것이 아니었기 때문이다. 굳이 비결을 따지자면 기술을 가장 중요시하는 경영철학을 가지고 지속적으로 직원들에게 기술교육을 해온 것이 영향을 미쳤다고 생각된다. 나는 당시 직접 전문기술서적을 구입해 직원들에게 나눠주면서 업무능력 개발을 독려하였다. 그리고 350명에 달하는 전 직원들을 대상으로 '기능인 국가기술자격증 갖기 운동'을 펼칠 정도로 직원들의 기술교육에 매진하였다. 그 덕분에 1992년과 1996년, 2001년에 걸쳐 3회 연속 노동부 선정 '기능장려 우수사업체'로 지정되기도 했었다. 이후 10년이 넘게 실시된 '기술자격증 갖기 운동'은 일성의 직원들이 긍지와 자부심을 갖게 하는 '뿌리 깊은 전통'으로 자리 잡기도 했었다. 이것이 비결이라면 비결일 수 있겠다.

다음에 일성이 창립부터 2010년 수출 2억 불을 달성해낼 때까지 쉼 없이 이루어낸 기술적 성과들을 연노별로 성리해본다.

1984년 4월	설비 및 철구조물 시공/전기공사업/열설비 제조업 면허 취득
1986년 9월	가스설비공공사업자로 등록/수출입 허가
1989년 3월	고압가스 특정설비 제조업 면허 취득
1989년 11월	3가지 카테고리에 대한 ASME 스탬프를 획득
1992년 10월	대한민국 정부로부터 기술의식 우수기업 지정
1994년 10월	TUV에서 발행한 ISO 9001 인증 획득
1994년 7월	대한민국 정부로부터 생산개선 우수상 수상
1995년 11월	권위 있는 신기술분야 신한국상 수상
1996년 10월	대한민국 정부로부터 기술의식 우수기업 지정
1998년 12월	새로운 "U2" ASME 스탬프 획득
2004년 11월	한국가스안전공사 ISO 14001 인증 획득
2005년 7월	SABIC의 승인 공급 업체로 등록
2006년 4월	사우디 아람코의 품질 경영 시스템(QMS) 승인
2006년 12월	한국가스안전공사 OHSAS 18001 인증 획득
2007년 8월	Lummus Technology Inc.로부터 Helix Exchanger 라이선스 취득
2009년 4월	Lummus Technology Inc.로부터 'Breech-Lock Exchanger' 라이센스 취득
2009년 8월	한국전기협회 발행 KEPIC-MN & KEPIC-SN 인증서
2010년 12월	"U2" ASME 스탬프 획득

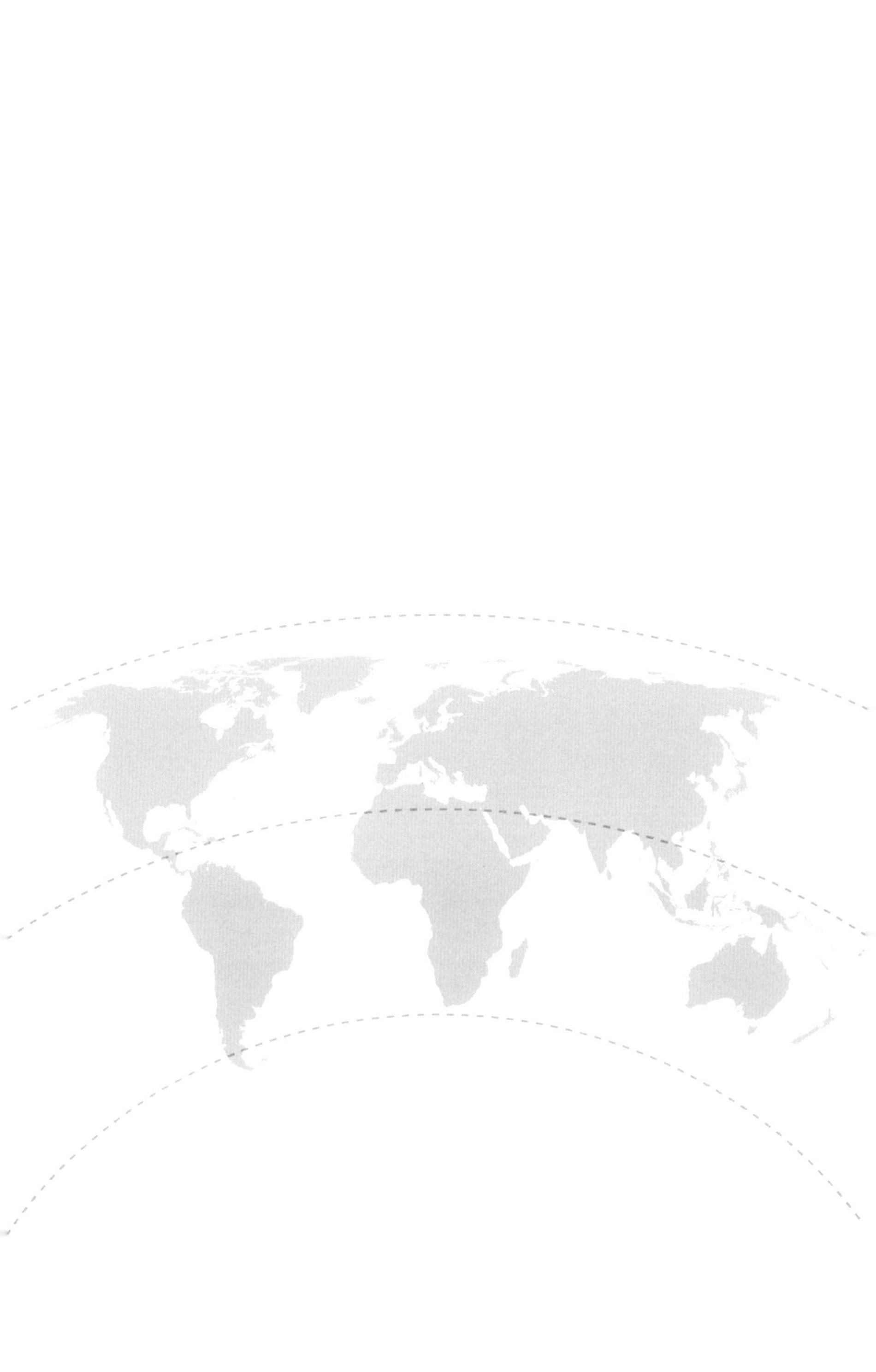

2장

성장의 원동력은 사디

사소한 디테일

전체=사디×사디일 뿐

세계가 일성에 주목한 까닭

사다로 이룬 실력과 신뢰관계

일성은 창립 이후 — 몇 번의 난관과 위기에 대해서는 뒷부분에 따로 소개할 예정이다 — 나름 큰 문제없이 지속적으로 성과를 내며 발전해왔다고 볼 수 있다. 게다가 세계적 기업들로부터 기술력을 인정받으며 대표적 수출기업의 위치에까지 오르게 되었다. 불교에 인과법칙이라는 개념이 있다. 모든 일의 결과에는 원인이 있기 때문에 그러한 결과가 나타난다는 논리이다. 인과법칙에 따를 때 일성은 어떤 원인으로 인해 이러한 결과를 낼 수 있었을까? 게다가 중소기업에 불과한 일성이 세계적 기업들의 인정을 받을 수 있었을까? 지금 생각해보면 신기하기도 하고 어떻게 이런 일을 이룰 수 있었는지 대견하기도 하다. 나는 어떤 일을 할 때 무슨 비법을 익힌 후 거기에 따라 일을 하는 스타일이 아니라 그냥 경험과 직관력에 의해 일을 하는 스타일이기 때문에 비결을 묻는 질문을 받을 때마다 난감한 경우가 많다. 그냥 내 경험과 직관력에 의지하여 묵묵히 주어진 일을 그때그때 해나간 결과가 나왔을 뿐인데 거기서 비법을 찾아내려 하니 나름 어려움에 봉착하는 것이다.

그동안은 내가 일에만 매달려 있을 때라 나름의 비결에 대해 논리적으로 생각해보지 않았으나 이제 인생을 돌아봐야 할 시기가 되었고 또 책도 쓰려 하니 이 문제에 대해 깊이 생각해보지 않을 수 없었다. 내가 이 책을 쓰는 목적은 여는 글에서도 밝혔듯이 단지 내 삶의 기록만이 아니라 후배들에게도 도전정신과 더불어 꿈과 희망을 심어주고 싶었기 때문이다.

오늘날을 우울의 시대라 할 만큼 힘들고 어려움에 빠진 사람들이 도처에 널려 있다. 아무리 경쟁사회가 빚어낸 결과라 하지만 이런 사람들에게 대안을 제시하지 않는 것 또한 선배 세대의 책임이 크다는 생각이 들었다. 나는 지난 60여 년의 경험과 지식을 총동원하여 이런 사람들에게 도전정신, 꿈과 희망, 그리고 실력을 심어주고 싶었다. 그런 차원에서 나와 일성이 이룬 결과에 대해 논리적 원인을 찾아내는 것은 중요한 일로 대두할 수밖에 없었다. 그렇게 나의 지나온 삶을 사소한 것까지 들여다보게 되었고 논리적 원인을 찾아낼 수 있게 되었다.

어떤 일에 성과를 내기 위해, 일에서 성공하기 위해 수많은 비결이 담긴 책들이 이미 시중에 많이 나와 있음을 알고 있다. 나 역시 독

서에서 많은 정보와 힘을 얻고 있는 사람이기에 그 내용에 대해서도 제법 넓게 간파하고 있다. 어떤 사람들은 이러한 자기계발서의 정보만으로도 큰 도움을 받은 이도 있을 터이다. 하지만 나는 이런 책들을 읽으며 공감하는 부분도 있었지만 부족한 부분도 있다는 느낌을 받은 것이 사실이다. 따라서 나는 이 책에서 기존의 틀에 박힌 내용과 중복되지 않은 범위에서 나의 원인을 제시할 생각이다.

단도직입적으로 어떤 일에 성과를 내기 위해서는 그 일에 대한 '실력'과 '신뢰적 관계'가 핵심이라고 생각한다. 내가 일성을 세우고 첫 일을 받은 과정을 살펴보자. 나의 첫 일은 내가 근무했던 유공의 보수작업이었다. 유공이 나에게 일을 준 까닭은 내 실력을 알고 있었고 나름 나에 대한 신뢰적 관계가 있었기 때문이다.

김종필 총재의 회사 방문

이처럼 어떤 일이 이루어지기 위해서는 실력과 신뢰관계가 필요조건이 된다. 예를 들어, 나중에 일성은 세계적 기업인 쉘Shell oil company사와 장기우선공급업체 계약EFA: Enterpries Frame Agreement을 체결하게 된다. 한국의 플랜트 업체로서는 유일하게 선정된 사실에 지금도 자부심을 느끼며, 일성의 위상을 드러낸다고 생각한다. 어떻게 세계적 기업이 한국의 일개 중소기업에 불과한 일성과 이런 계약을 체결할 수 있었을까? 그것은 쉘오일이 일성의 기술력을 인정하였고 또 둘 간의 신뢰관계가 있었기에 가능한 일이었다. 만약 일성의 실력기술력이 조금이라도 떨어졌다면 쉘오일은 절대 일성과 계약하지 않았을 것이다. 마찬가지로 아무리 일성의 실력이 입증되었다 할지라도 일성과 셸오일의 신뢰관계가 형성되지 않았다면 쉘오일은 절대 일성과 계약하려

들지 않았을 것이다. 이처럼 실력과 신뢰관계는 둘 중 하나라도 빠지거나 모자라면 일이 이루어지지 않을 만큼 필요조건이라 할 수 있다.

추후, 일성이 부도가 나며 법정관리에 들어갔을 때, 당연히 EFA 공급계약이 파기될 것이 뻔했다. 아니나 다를까 어느 비 오는 금요일 오후 관리인을 맡고 있는 큰아들에게 쉘오일 측으로부터 전화가 왔다. 큰아들은 '올 게 왔구나' 하는 생각에 전화를 받았다. 쉘오일 측에서는 일성의 법정관리에 대해 아픔을 같이하고 위로를 전한다는 말로 시작되었다. 이에 의아하게 생각한 큰아들은 속으로 '그래 본론은 계약파기일 건데…' 하며 계속 통화를 한 끝에 쉘오일에서는 "그동안 일성과의 관계와 어려운 상황에서도 최선의 노력을 다하는 당신을 믿으며, 비록 부도가 나서 법정관리에 있는 상황이지만, 쉘오일은 일성의 손을 함께 잡고 가겠다."라고 했다.

이에 큰아들은 비오는 3월 금요일 오후 차 속에서 눈물을 흘리며 너무 감사하다고 했고, 앞으로 쉘오일의 은혜를 잊지 않겠다고 했다. 정말 잊을 수 없고, 기대할 수 없는 일이 일어난 것이다. 그래서 지금도 쉘오일과의 관계는 돈독하며 대한민국 유일의 쉘오일 공급계약업체로 감사하며 나아가고 있다.

실력과 신뢰관계도 급이 있음을 알아야 한다. 실력도 상중하가 있으며 신뢰관계도 상중하가 있다는 이야기다. 만약 실력과 신뢰관계가 모두 상에 있다면 그는 가장 상위 수준에서 성과를 내고 있을 것이다.

역으로 실력과 신뢰관계가 모두 하에 있다면 그는 제일 낮은 수준에서 성과를 내고 있을 것이다. 만약 내가 좀 더 상위 수준의 일에서 성과를 내고 싶다면 그만큼 내 실력과 신뢰관계를 키워야 가능해질 수 있다. 이것이 중요하다. 일성은 실력과 신뢰관계에 있어 최고를 추구하며 일을 해왔다. 그 결과 전 세계 유수의 기업들과 거래하며 대표적 수출기업의 자리에 오를 수 있었다. 이것이 비결이라면 비결이다. 그렇다면 어떻게 최상급의 실력과 신뢰관계를 구축할 수 있을까? 이제부터 이 부분에 대한 이야기를 해보고자 한다. 사실 이 책의 핵심 포인트가 여기에 있다. 이제부터 사디란 단어를 쓰게 될 터인데 이 단어에 주목하며 천천히 따라오기 바란다.

사디란 '사소한 디테일'을 편히 쓰기 위해 줄인 말로
대부분 사람들이 놓치고 넘어가는
사소한 디테일까지 파고든다는 새로운 개념이다.

실력의 초격차를 만드는 사디

한때 TV에서 토론배틀이 이루어진 적이 있었다. 대개의 토론은 서로 자기주장만 하고 서로 싸우다가 끝나게 마련인데 토론배틀은 마치 링 위의 권투시합처럼 마지막까지 토론의 승자를 가리는 성격의 토론이었다. 세상에서 제일 재밌는 게 싸움구경이라는 말도 있듯 승자를 가리는 토론이니 사람들의 관심이 폭발될 수밖에 없었고 수많은 사람들이 숨을 죽이며 두 사람의 토론을 지켜보고 있었다. — 토론자의 명예를 훼손하지 않기 위해 이름은 밝히지 않고 A, B로 표기하겠다. — 그동안 통상적으로 A가 토론계의 지존으로 불렸기에 사람들은 당연히 A가 이길 것이라 예상하였다. 그런데 토론이 진행되자 전혀 다른 상황이 펼쳐졌다. A가 코너에 몰렸고 오히려 B가 기세등등하며 불과 1시간도 되지 않아 A를 KO시키고 말았기 때문이었다. 왜 이런 결과가 나타났을까?

사람들은 실력이 월등한 A가 왜 처참하게 졌는지 이해를 못했지만 나는 어렵지 않게 그 원인을 파악할 수 있었다. 그것은 디테일의 차이에서 나타난 격차였다. 즉 A는 토론이 기술적 측면에서 B에 비해 뛰어나다고 알려져 있었으나 이날 토론 주제에 대해서만큼은 B에 비해 디테일하게 준비하지 못해 이날 토론에서 절대적으로 밀리고 말았던 것이다.

내가 말하는 디테일에 대해 좀 더 쉽게 이해하기 위해 토론의 주제가 '외환보유고와 외환위기의 관계'였다고 가정해보자. 사실 경제 문제에 대한 토론은 경제학자들끼리 토론해도 정답이 없다 할 정도로 복잡한 메커니즘을 갖고 있지만, 토론 참여자가 모두 경제전문가가 아니라면 누가 더 디테일하게 준비하느냐에 따라 승부가 갈리게 마련이다.

이 토론에 참여한 사람을 C와 D(C가 D보다 경쟁적으로 우위에 있는 토론자라 가정)라고 가정하고 이야기를 진행시켜보자.

C는 D를 약간 아래로 보고 단지 외환보유고의 외적 규모가 외환위기에 영향을 미친다는 정도의 지식 정보만 가지고 토론에 임했다. 그러나 D는 이를 갈고 이 토론에 임했기에 무려 이와 관련된 10편 이상의 논문까지 공부한 후 이 토론에 임했다. C는 IMF 당시에는 외환보유고가 절대적으로 적었기에 외환위기가 왔으나 현재 외환보유고는 그때와 비교할 때 충분히 많기에 외환위기는 오지 않을 거라는 논리를 펼쳤다. 그러나 D는 외환보유고의 외적 규모만으로 외환위기를 판단할 수 없다는 반박논리를 펼쳤다. 즉, 외환보유고의 절대량만으

로 외환위기를 따질 수 없으며 그 외환보유고 중 세부적 내용을 살펴보고 실제 외환위기가 왔을 때 가용할 수 있는 규모가 어느 정도 되는지 따져봐야 위기 상태인지 아닌지 판단할 수 있다는 것이다. 그리고 D가 제시한 현재 우리나라 외환보유고의 내용은 총량이 4,300억 달러이나 비축분이 6.9%이고 나머지 93.1%는 채권, 증권과 주식 등으로 구성되어 있다고 했다. 이러한 상태에서 외환위기가 닥쳤을 때 가용할 수 있는 돈은 전체 외환보유고 중 6.9%에 불과하다고 주장한 것이다.

그리고 D는 이에 대한 보충설명을 하기 위해 2008년 금융위기 당시 우리나라의 외환보유고와 비교하며 설명을 이어나갔다. 즉, 2008년 우리나라의 외환보유고가 2,000억 달러였는데 이때는 예금이 8%, 나머지 채권, 증권과 주식 등이 92%였다. 즉, 당시 2,000억 달러는 지금의 4,300억 달러와 맞먹는 규모라 할 수 있는데도 실제 가용할 수 있는 돈이 전체의 8%에 불과했기에 외환위기가 닥쳤을 때 이를 막지 못하고 무너졌다는 것이다.

그런데 지금은 그때보다 실제 가용할 수 있는 돈이 2008년 금융위기 때보다 더 떨어진 전체의 6.9%에 불과하기 때문에 만약 외환위기가 닥치면 이를 막지 못하고 무너질 수도 있다는 논리를 편 것이다. 이 정도 디테일의 차이가 나면 누구에게 승부가 기울지는 어렵지 않게 예상할 수 있을 것이다.

이제 내가 말하는 사디의 차이가 어떤 것인지 조금 이해되었는가?

사디의 차이는 곧 수준의 차이를 만들어낸다.
앞에서 좀 더 큰 성공을 이루어내고 싶으면 더 높은 수준의
실력을 키우라 했었는데 더 높은 실력은 바로 이 디테일의 차이에서
만들어진다. 즉 사디를 닦으면 닦을수록 실력은 더 높아지는 것이다.

사디의 차이는 곧 수준의 차이를 만들어낸다. 앞에서 좀 더 큰 성공을 이루어내고 싶으면 더 높은 수준의 실력을 키우라 했었는데 더 높은 실력은 바로 이 디테일의 차이에서 만들어진다. 즉, 사디를 닦으면 닦을수록 실력은 더 높아지는 것이다. 많은 사람들이 일성이 세계적으로 인정받을 수 있었던 비결이 무엇인지 묻는데 나는 바로 이 디테일의 차이 때문에 인정받았다고 감히 말할 수 있다. 즉, 일성은 앞에서 말한 실력적 측면에서 사디를 갖추고 있었고 또 신뢰관계적 측면에서도 사디를 갖추고 있었다. 덕분에 일성은 처음에는 국내 시장에서 인정받을 수 있었고 나아가 세계시장에서도 인정받을 수 있었던 것이다. 이제부터 어떻게 사디가 실력과 신뢰관계까지 최고의 수준으로 만들어주는지 그 내용을 살펴보도록 하자.

사디란 전체 속에서 아주 작은 것의 중요성을 아는 것에서 출발!

아직까지 내가 말하는 사디란 개념이 정확히 와 닿지 않는 사람도 있을 것 같다. 사디란 좀 더 쉽게 말해 '아주 작은 것까지, 심지어 사소하다고 생각하는 디테일한 것까지 소홀히 넘기지 않고 정확하게 그 문제점을 파악하는 힘'이라고 정의할 수 있다. 사람들은 중요하다고 여기는 것은 신경을 쓰지만 사소하다고 생각하는 것은 다루지도 않고 넘어가버리는 경우가 많다.

하지만 사소한 것에 놀라운 비밀이 있다. 사람들은 중요한 생일을 챙겨주면 기뻐하지만 사소한 것까지 챙겨주면 감동을 받는다. 이 단순한 사실에서 우리는 사소한 것이 오히려 더 중요할 수도 있다는 인식을 얻게 된다. 《돈을 버는 습관》이란 책에서 부자와 빈자가 나눠지는 이유도 사소한 습관의 차이에서 비롯된다고 이야기한다. 즉, 평소 생각하고 말하고 행동하는 사소한 것에서 이미 부자와 빈자는 차이가 난다는 것이다. 부자는 이미 부자다운 생각을 하고 말도 하고 행동을 하는데 빈자는 이것을 사소하다고 여기기에 신경도 쓰지 않고 평소 자기 습관대로 생각하고 말하고 행동해버린다. 그러면서 자기도 부자가 되어보려고 이런저런 수를 쓰지만 이런 사소한 것을 놓치고서는 아무리 부자가 되려고 발버둥쳐도 부자가 되지 못한다는 것이다. 이처럼 사소함은 우리의 경제를 부자와 빈자로 나눌 만큼 대단한 힘을 가지고 있다.

사람들이 사소하게 여기는 것 중 하나가 햇빛과 공기일 것이다. 늘 우리 주변에 있는 것이니 사소하게 여길 수밖에 없다. 그런데 만약 햇빛과 공기가 없다면 어떻게 될까? 지구상에 살아남는 인간은 단 한 명도 없게 될 것이다. 사소한 것이란 이토록 중요한 의미를 갖는다. 그런데도 불구하고 사람들이 사소하게 여기는 이유는 늘 내 주변에 있다는 생각 때문이다. 생일은 1년에 한 번 돌아오는 것이므로 중요성을 인식하지만 매일매일의 일상은 늘 있는 것이므로 사소하게 여길 수밖에 없다. 하지만 우리는 이 사소한 것을 잘 챙겨야 행복한 삶을 살 수 있다는 사실을 잘 알아야 한다.

일을 할 때도 사디의 법칙은 그대로 적용된다. 성공한 식당을 가보면 사장이 주차 서비스부터 홀 서비스, 주방까지 사소한 디테일을 하나하나 체크하고 챙기는 모습을 볼 수 있다. 반대로 실패하는 식당을 가보면 사소한 디테일을 챙기는 것은 찾아보기 힘들고 부분적으로 구멍이 숭숭 뚫려 있는 것을 볼 수 있다. 즉, 일을 할 때도 사소한 디테일까지 챙기는 사장이 결국 성공에 이를 수 있는 것이다. 나는 이러한 사디의 법칙을 현장에 근무하면서 많이 배웠다. 단순한 용접 일을 하는 사람에게서도 사디의 법칙을 배울 수 있었다. 용접 일을 하는 사람들을 지켜보면 대개 일을 하다 뭔가 잘못되면 그제야 잘못된 것을 파악하고 다시 수정하여 검사하고 하는 일을 되풀이하곤 하는데 이렇게 하다 보면 시간도 많이 걸리고 낭비되는 것도 많다. 나는 이 역시 사소한 것을 챙기지 않아 벌어진 일이라는 사실을 깨달았다. 만약 처음부터 사소한 디테일까지 준비하여 용접에 임했더라면 시간을 훨씬 단축시켰을 것이고 비용도 줄일 수 있었을 것이다.

우리는 단지 용접하니까 그냥 하면 될 것으로 생각하지만 용접의 디테일도 생각보다 간단하지 않다. 용접하는 자세부터 용접하는 실력까지, 게다가 용접의 내용에 따라 용접소의 종류도 얼마나 많은지 모른다. 이 모든 디테일을 고려하여 전체를 파악한 후 용접에 임한다면 이런 실수와 비용은 충분히 줄일 수 있었을 것이다. 그런데 보통의 용접공들은 이런 사소한 디테일을 놓치기에 장벽에 부딪치게 된다. 이 현상을 좀 더 크게 보면 사실 이 문제는 현장 감독자의 책임이라고 할 수 있다. 현장 감독자가 사소한 디테일까지 챙기지 못했기에 비용과 낭비가 발생하게 된 것이다. 나는 현장근무를 하면서 이 사실을 일찍이 깨달아 사디의 법칙을 발견하게 되었다. 그리고 그것을 일성에 적용하여 세계적으로 인정받는 기업으로까지 키울 수 있었던 것이다.

사디는 곧 전체이기도 하다

전체=사디×사디

사소한 디테일만을 강조하다 보면 숲을 보지 못한다는 비판이 나올 수 있다. 나무와 숲 이야기를 알 것이다. 나무만 보면 숲을 모르고 숲만 보면 나무를 모른다는 뜻에서 나온 이야기이다. 사디에서도 숲과 나무의 개념은 너무도 중요하다. 사디의 목적은 전체 숲을 제대로 바르게 이해하기 위해 디테일한 나무 하나하나까지 사소히 여기지 않고 공부한다는 데 있다.

따라서 내가 이야기하는 사디가 전체에서 출발한다는 사실을 이해하는 것이 중요하다. 숲과 나무 이야기로 비유하자면 숲을 먼저 보고 그 숲을 제대로 이해하기 위해 나무를 본다는 이야기이다. 즉, 사소한 디테일의 목적은 전체를 제대로 바르게 이해하기 위한 수단임을 반드시 기억해야 한다.

사디는 전체를 더 잘 이해하기 위한 수단이며
전체의 윤곽 속에서 사소한 디테일까지 더 깊이 알면 알수록
전체를 더 깊고 넓게 이해할 수 있다는 것이
곧 사디 개념의 핵심인 것이다.

내가 처음 현장에 투입되어 감독을 맡게 되었을 때 어떻게 전체적인 작업을 효과적으로 해낼 수 있을까 고민했다. 많은 감독들이 그냥 전부터 이어져 내려온 방식대로 관습과 타성에 따라 일하는 경우가 대부분이었다. 여기에 창의성이 개입될 여지가 거의 없어 보였다. 나는 그렇게 남 따라 일하기는 싫었다. 나만의 효과적 방법을 찾다가 생각해낸 것이 사디였다. 전체에 사디를 적용하였더니 더욱 효과적인 전체가 창조된다는 사실을 발견하였다.

그런 면에서 사디는 곧 전체라고도 볼 수 있다. 사실은 사디와 전체가 한 몸이라는 것이다. 전체는 디테일로 이루어져 있고 디테일의 조각들이 퍼즐처럼 맞춰져 있는 모습이 곧 전체이다. 볼펜을 예로 들어보자. 볼펜을 하나의 전체라고 했을 때 볼펜은 잉크가 종이에 닿을 수 있는 볼과 볼을 싸고 있는 팁, 그리고 잉크가 들어 있는 카트리지와 스프링, 이들을 모두 담고 있는 몸체 등의 디테일로 이루어져 있다. 우리가 볼펜 전체를 이해하려고 할 때 단지 볼펜의 외형만 보고 있는 사람과 이런 구성요소들을 모두 알고 있으면서 볼펜을 보고 있는 사람 중 누가 더 볼펜에 대해 잘 이해하겠는가? 여기서 조금 더 디테일로 들어가 보면 이제 볼펜의 잉크가 어떤 물질로 이루어져 있으며 또한 볼은 어떤 물질로 이루어져 있는지까지 알아내는 방법이 있다. 이 경우 단지 볼펜의 구성요소만 알고 있는 사람보다 볼펜을 더 잘 이해할 수 있게 될 것이다.

이제 디테일과 전체의 관계를 이해할 수 있겠는가? 내가 주장하는 사디는 전체를 더 잘 이해하기 위한 수단이며 전체의 윤곽 속에서 사소한 디테일까지 더 깊이 알면 알수록 전체를 더 깊고 넓게 이해할 수 있다는 것이 곧 사디 개념의 핵심인 것이다. 그런 점에서 사디는 '전체=사디×사디'의 공식으로도 표현할 수 있음을 알 수 있다.

전체 = 사디 × 사디

여기서 곱셈은 전체가 사디의 더하기가 아닌 곱하기의 차원으로 이루어져 있음을 뜻한다는 의미로 쓰인 것이다. 더하기도 시너지를 낼 수 있지만 극대의 에너지를 얻기에는 부족한 면이 있다. 하지만 곱하기는 마치 한 차원 높은 실력을 만들어준다는 뜻에서 쓰인 것이다. 예를 들어 10+10=20이 되지만 10×10=100이 된다. 100은 한 차원 높은 수로 거듭난 상태가 된다. 전체 속에서 사디를 파고들다 보면 어느 순간 정말로 내 실력이 한 차원 높아지는 경험을 하게 된다. 이때 나의 실력은 극대화되어 초격차를 만들어내는 경지에까지 이를 수 있는 것이다. 그런 점에서 사디는 곧 실력을 극대화할 수 있는 최선의 방법인 것이다.

사디로 이룬 기술적 성과와 실력

현장의 감독자라면 가장 중요한 것이 기일 안에 작업을 완벽하게 완료하는 것이 될 테다. 그런데 공장 현장은 시간에 따라 비용이 발생하므로 만약 약속 기일보다 더 일찍 일을 끝낸다면 시간과 비용까지 줄일 수 있는 것이므로 이보다 더 좋은 성과가 있을 수 없다.

똑같은 일을 하는데도 어떤 현장을 보면 15일이 걸리는데 또 다른 현장을 보면 일주일 만에 끝나는 데도 있다. 그런데 나온 결과물의 품질은 둘이 엇비슷하다. 그렇다면 경영자는 누구를 더 신뢰하고 인정하겠는가. 경영자 입장에서 일주일 만에 일을 끝낸 현장의 감독자를 훨씬 더 신뢰할 수밖에 없다. 나는 유공 근무시절 현장에 근무하면서 왜 이런 차이가 나타나는지 궁금했다. 그래서 원인을 살펴본 결과 일주일 만에 일을 끝낸 감독자의 경우 준비를 더 철저히 한 것을 발견하였다. 그 내용을 들여다보았더니 그는 아주 사소하고 디테일한 것까지 일일이 챙겨서 미리 계획을 세운 후 작업을 진행한 것이었다. 하지만 보름이 걸린 작업장의 감독자는 이 부분에 대해서는 사소한 거라 여겨 소홀히 생각하고 다루지 않았다. 나는 큰 비밀을 발견한 것처럼 유레카를 외쳤고 이때부터 나의 사디 공부가 시작되었다.

일성을 세운 후 내가 해야 했던 일들이 거의 현장과 관련된 일이었으므로 나는 즉시 사디의 법칙을 그대로 적용해나갔다. 기술은 워낙 전문적인 분야라 디테일한 세계로 들어갈수록 벽에 부딪칠 때가 많다. 이때 포기하면 안 된다. 웬만한 기술은 마음가짐만 있으면 정확한 기술을 파악해낼 수 있다. 하지만 그 이상을 넘어가는 기술도 있는데 이 경우 자료를 더 찾든지 그래도 안 되면 기술 연구소라도 찾든지 하면 거의 다 해결할 수 있게 된다.

나는 이러한 사디의 법칙을 기술 개발하는 일부터 현장에서 실제 제품을 만드는 일까지 거의 모든 일에 적용할 수 있었다. 덕분에 일성은 언제나 약속 기일보다 훨씬 전에 납품이나 완공을 해낼 수 있었고 이는 곧 비용을 줄이는 효과로 이어져 회사의 이익으로 연결될 수 있었다.

사실 플랜트 설비의 100% 국산화 기술을 이룬 것도 사디의 법칙을 적용한 결과다. 남들은 국산화 기술을 이룬다고 선진국을 탐방하고 배우려 했지만 나는 오직 사디의 법칙만으로 100% 국산화를 이뤄냈다. 그렇다고 일성이 이루어낸 기술이 절대 선진국에 뒤떨어지지도 않는다. 오히려 더 앞선다는 평가를 받기도 했을 정도다.

일성이 세계적으로 인정받을 수 있었던 비결 중 하나가 세계적인 기술력이다. 앞에서도 이야기했듯 일성은 수많은 기술자격을 획득했을 뿐 아니라 기술특허까지 받기도 했다. 이런 기술적 성과를 바탕으로 대한민국 정부로부터 생산개선 우수상을 수상하고 권위 있는 신기술분야에서 신한국상을 수상하기도 했다. 또한 대한민국 정부로부터 기술의식 우수기업으로 지정되기도 했다. 이 모든 기술적 성과들이 바로 기술 분야에 사디의 법칙을 잘 적용했기에 나타난 결과들이다. 사소한 디테일을 챙기는 사디의 법칙이 이처럼 중요하다.

사소함을 소홀히 여기지 않고 디테일까지 챙기는 사디의 법칙은 실력을 키우는 데 있어 절대적 요소로 작동하게 된다. 단언컨대 실력의 차이는 사디의 차이에서 나타난다고 볼 수 있다. 실력이 낮은 사람은 디테일하지 않은 지식과 경험을 가지고 있는 사람이고 실력이 높은 사람은 디테일한 지식과 경험까지 갖고 있는 사람이다. 당신이 실력을 키우고자 한다면 이 점을 명심하고 사소한 디테일까지 챙기는 사디 공부에 관심을 가지기 바란다.

사디는 신뢰관계에도 적용된다!

일성이 이란 시장을 개척할 때를 떠올려보자. 그때 나는 먼저 우리 직원들을 보내 협상에 참여하게 했다. 출장을 다녀온 직원들은 자신들이 할 바를 다했으며 일단 연락을 기다리면 된다고 보고했다. 그런데 아무리 기다려도 연락이 오지 않는 것이 뭔가 잘못됐다는 생각이 들었다. 직원들에게 물었더니 우리 견적서대로 제출하고 왔는데 이상하게 답이 오지 않는다는 말이 다였다. 그제야 나는 직원과 오너의 입장이 다르다는 사실을 깨달았다. 나는 마음이 조급해 죽겠는데 직원들은 오히려 느긋한 것이었다. 답이 오지 않으면 전화라도 걸어서 무슨 문제가 있느냐고 물어 답이 올 수 있도록 만들어야 할 것인데 전화도 하지 않고 기다리고만 있는 것이 아닌가.

나는 직원들에게 이럴 경우 어떻게 해야 하는지에 대해 다시 교육을 시켰다. 수주를 주는 회사 입장에서 생각해보라. 그냥 견적서만 던져놓고 마냥 기다리고만 있는 회사와 막간을 봐서 혹시 부족한 게 있느냐, 혹시 있으면 어드바이스라도 해달라고 자주 전화하면서 친분을 쌓는 회사 중 어느 쪽에 쏠리겠는가. 당연히 후자에 관심을 가지게 될 것이다. 그냥 견적서만 던져주는 회사는 십중팔구 수주에서 탈락하게 된다. 그런데 하도 연락을 하지 않아 자신들이 수주에서 탈락한 줄도 모른다. 그러다 뒤늦게 연락해보면 당신 쪽의 견적 금액이 좀 높아 다른 업체를 선정했다는 답변을 듣게 된다. 그것으로 끝나버리는 것이다.

내가 작은 것 하나까지 챙기는 이유는 먼저는 고객과의 약속을 정확하게 지키기 위해서다. 또한 이렇게 해야 수주를 받고 회사를 먹여 살릴 수 있기 때문이다.

이런 사디의 법칙은 인간관계에도 그대로 적용된다. 영업은 곧 인간관계가 거의 전부라 해도 과언이 아니다. 이 인간관계를 신뢰관계로 만들 때 영업은 성공하게 된다. 인간관계를 신뢰관계로 만들기 위해서도 사디의 법칙은 그대로 적용된다. 나는 기술에서 배운 사디의 법칙을 인간관계에도 그대로 적용할 수 있다는 사실을 발견하였다. 인간관계에 사디의 법칙을 적용한다는 것은 인간관계를 할 때 세세하고 사소한 부분까지 챙기는 것을 의미한다. 앞에서 "생일을 챙길 때는 기뻐하지만 사소한 것을 챙길 때는 감동한다."라는 말을 상기해보라. 이것이 인간관계에 사디의 법칙을 적용하는 간단한 비법이다.

기술에 사디의 법칙을 적용할 때 세세한 부분까지 챙기는 원리대로 인간관계에도 챙겨야 할 디테일한 부분들이 많이 있다. 예를 들어 내가 고객을 찾아간다면 그의 입장에서 최대한 모든 것을 생각하고 행동할 수 있어야 한다. 사우디 기업의 엔지니어를 만나기 위해 영국의 런던까지 비행기를 타고 또 비싼 택시를 타고 시골구석까지 찾아가는 것도 디테일을 챙기는 한 일환이라고 볼 수 있다. 또 그와 친분을 맺기 위해 그의 관심을 알아내고 그를 대접하는 것도 디테일의 한 부분이다. 그저 사업적 관계만 맺는 것은 디테일과는 거리가 먼 표면적 행동에 그칠 뿐이다. 만약 고객이 나를 찾아온다면 그가 도착하는 공항에서부터 우리 회사가 있는 곳까지 편히 올 수 있도록 서비스를 제공하는 것도 디테일의 한 부분이 될 수 있다. 사소한 것 같지만 고객은 이럴 때 감동을 느끼고 우리에게 신뢰의 시선을 보내오게 된다.

나는 오랜 세월 인간관계에도 이런 사디의 법칙을 적용하다보니 상대의 눈빛, 표정, 자세만 봐도 그 사람에 대해 딱 알게 되는 촉을 갖게 되었다. 어떤 친구는 처음 보는 순간 될 사람으로 보이고 어떤 친구는 보는 순간 벌써 안 되는 게 보이기도 한다. 내가 이란 개척을 성사시키기 위해 이란으로 날아가 그들의 표정만 보고 문제를 파악할 수 있었던 것도 오랜 인간관계에서 얻어낸 나의 촉 때문이라고 볼 수 있다. 이러한 촉 또한 인간관계에 적용되는 사디의 법칙에 포함된다는 사실을 알아야 한다.

이처럼 인간관계에 사디의 법칙을 적용해나갈 때 나타나는 결과가 바로 신뢰관계이다. 인간관계에 사디의 법칙을 적용했을 때 신뢰관계가 형성되는 원리는 기술에 사디의 법칙을 적용했을 때 신뢰관계가 형성되는 것과 같다. 기술에 사디의 법칙을 적용하면 높은 수준의 기술력을 갖게 되므로 고객사들로부터 기술에 대한 신뢰를 얻게 된다. 마찬가지로 인간관계에 사디의 법칙을 적용하면 높은 수준의 인간관계를 경험하게 되므로 당연히 신뢰관계가 형성되는 것이다.

이때 중요한 것이 인간관계에 사디의 법칙을 적용하는 '나'의 태도다. 나는 인간관계에 사디의 법칙을 적용하는 주체가 되므로 나부터 상대에 대한 신뢰를 가지고 접근할 수 있어야 한다. 왜냐하면 내가 인간관계를 통하여 상대에게 원하는 것이 신뢰관계이기 때문에 내가 먼저 상대를 신뢰해야 상대도 나를 신뢰할 수 있기 때문이다. 내가 의심의 태도로 상대를 대하는데 어떻게 상대가 나를 신뢰할 수 있겠는가.

일성은 무노조 경영으로 유명한데 사실 나는 한 번도 노조결성을 반대한 적이 없다. 그럼에도 불구하고 직원들이 노조를 만들지 않는 까닭은 바로 오너와 직원과의 신뢰관계가 구축되어 있기 때문이다. 물론 이런 신뢰관계가 구축되기까지는 인간관계에 사디의 법칙을 적용한 나의 숨은 노력이 있었음은 두말할 나위없다. — 일성의 무노조 경영에 대해서는 뒤에서 따로 다룰 것이다.

모든 분야에 적용되는 사디의 법칙

실력과 신뢰관계에 사디의 법칙이 적용된다는 이야기를 하였다. 그런데 곰곰이 생각해보면 이러한 사디의 법칙은 우리 삶 전반에 적용할 수 있다는 사실을 발견할 수 있다. 경제뿐 아니라 정치, 사회, 가정, 심지어 개인의 내면까지, 사디의 법칙에는 한계가 없다. 왜냐하면 사디의 법칙은 곧 수준을 높이는 방법이고 경제뿐 아니라 정치, 사회, 가정, 인간의 내면도 사디의 법칙을 적용하여 수준을 높여야 하는 분야이기 때문이다. 생각해보라. 만약 우리나라의 정치, 경제, 사회, 가정, 개인의 수준이 높아진다면 그야말로 대한민국이 진정한 선진국의 대열에 오를 뿐만 아니라 국민의 삶의 질이 높아지지 않겠는가.

정치의 소통을 사디의 법칙으로

우리나라의 정치는 후진성을 면치 못하고 있다는 말이 많다. 뒷부분에서 이야기하겠지만, 일성은 키코 사건으로 인해 큰 어려움을 겪게 된다. 이 사건은 정치권과 연결되어 있기도 했기 때문에 나는 뜻하지 않게 정치권 인사들과 만나게 되었다. 그때 나는 우리나라의 정치가 얼마나 후진성을 면치 못하고 있는지 실감하게 되었다. 나는 기독교인이기에 국가를 위해 기도하기도 한다. 그런데 국가를 위해 기도할 때면 때로 가슴이 답답해지는 것을 느끼곤 했었다. 오늘날 정치가 좌우로 나뉘어 서로 헐뜯고 싸우는 데만 혈안이 되어 있을 뿐 진정으로 국민의 안위를 생각하고 국가의 발전을 위해 힘쓰고 있지 않은 모습에 안타까운 마음이 들었기 때문이었다.

우리나라에서 정치는 사회 각 분야에서 어느 정도 성공의 위치에 오른 사람들이 하는 것으로 인식되어 있다. 그런데 왜 정치는 후진성을 면치 못하고 있는 것일까? 나는 이것이 정치에 디테일이 소홀히 다뤄지고 있기 때문에 나타나는 현상이라는 사실을 발견하였다.

정치의 소통 분야에 사디의 법칙을 적용시켜보자. 정치의 소통은 대통령과 국민의 소통을 뜻한다. 우리나라에서 이러한 소통은 잘 이루어지지 않고 있는 형편이다. 이것이 우리나라의 정치가 후진성을 면치 못하는 첫 번째 이유라고 생각된다.

왜 정치의 소통이 이루어지지 않는 걸까? 각 분야 최고 실력자들이 모여 있는 정치집단에 소통 전문가가 없기 때문일까? 소통의 전문가도 분명 포함되어 있을 것이다. 그럼에도 불구하고 소통이 되지 않는 것은 소통이라는 개념 자체가 정치 분야에서 사소한 것으로 치부되기 때문이다. 우리나라에서 정치의 1번 자리는 일단 권력을 잡는 것에 있는 듯하다. 이 때문에 오늘도 여야는 서로 경쟁하고 있다. 그리고 2번 자리 역시 잘했다는 소리를 듣기 위한 정책에 있어 보인다. 물론 이 목적도 다음에 권력을 잡기 위함이기에 이를 두고도 여야가 서로 경쟁하고 있는 상황이다. 이런 정치문화 속에서 소통은 몇 번째 자리에 있을까? 아마도 끝에서 몇 번째 자리에 있을 것이다. 그러다 보니 소통에 대한 디테일한 기술들이 전혀 발달되어 있지 않으며 따라서 소통이 될 까닭이 없다. 사소한 디테일 기술이 발전하기 위해서는 엄청난 깊이의 공부가 필요하다. 문재인 정부에서 나름 소통한다고 '국민신문고'라는 시스템을 만들었는데 이 또한 정쟁의 장소가 되고 만 것이 소통의 수준을 말해준다.

대안은 지금이라도 사소하다고 생각하는 소통이야말로 가장 중요한 것이라 인식하고 여기에 사디의 법칙을 적용하기 위해 노력해볼 것을 제안해본다. 그때 소통의 수준이 올라가 정부와 국민의 소통이 이루어지기 시작하면서 정치의 수준도 올라가게 될 것이다.

가족의 소통을 사디의 법칙으로

사디의 법칙은 우리 가정에도 적용할 수 있다. 오늘날 위기에 빠지는 가정이 너무 많고 이 때문에 심지어 결혼하지 않는 사람들도 점점 늘어나고 있다. 이는 시대의 발전에 비해 가정의 수준은 여전히 과거에 머물고 있기에 나타나는 결과라고 생각된다. 가정은 사회조직의 최

내면의 디테일 공부를 통하여 생각과 감정을 인식한다면
이제 우리는 수정작업에 들어갈 수가 있게 된다.
이를 통하여 우리의 내면은 새롭게 바뀔 수 있고
성장의 발판을 마련할 수 있게 된다.
디테일 공부를 통하여 내면을 키워야 할 시대에 직면해 있는 것이다.

소단위이면서 남녀가 사랑을 이루고 미래세대를 이어갈 자녀가 태어나는 장이라고 할 수 있다. 이런 가정이 살아야 사회도 튼튼해지고 국가도 발전할 수 있다. 그런 면에서 가정이 깨어진다는 것은 사회와 국가에 대한 위험신호이기도 하다. 따라서 가정의 수준을 높여 평화로운 가정을 만드는 것은 우리 사회의 첫 번째 과제라 하지 않을 수 없다.

어떻게 가정의 수준을 높일 것인가? 이 또한 사디의 법칙을 적용하면 가능하다. 가정에서의 핵심도 사실은 가족 간 소통이다. 이 소통이 막힐 때 마치 동맥경화로 심장이 막혀 죽는 것처럼 가정도 죽어가게 된다. 그런데 이 소통은 가정에서조차 중요한 핵심요소가 아닌 사소한 것으로 치부되어 소홀히 여김을 당하고 있다. 오늘날 우리나라의 가정에서 중요한 것은 어떻게든 돈을 벌어 집 평수 늘리고 자녀들을 좋은 학교에 보내는 부분들로 채워져 있다.

만약 가정에서 소통을 소홀히 여기지 않는다면 세상에 깨어질 가정은 없다. 가정이든 사회든 국가든 모든 문제는 불통에서 생기기 시작하는 법이다. 따라서 가정 역시 소통을 집 평수보다 더 중요한 자리에 올리고 소통하는 디테일한 방법들을 개발해 나가야 한다. 이런 문화가 확산된다면 세상에 깨어질 가정은 없게 될 것이다.

내면의 성장을 사디의 법칙으로

사디의 위대성은 이것이 내면의 성장에도 적용되기 때문이라고 생각한다. 오늘날 우리나라 사람들의 내면은 어떤가? 나는 이것이 마치

태풍 속에 놓인 얇은 유리창처럼 보인다. 우리 사회의 환경이 태풍이라면 현대인의 내면은 얇은 유리창에 불과하다는 것이다. 태풍에 얇은 유리창이 살아남을 수 있을까? 금방 깨어지고 말 것이다. 그만큼 오늘날 인간의 내면은 불안하며 이로 인해 수많은 사람들이 우울증, 공황장애를 앓고 있다. 어디 그뿐인가? 이러한 연약한 내면의 끝은 극단적 선택으로 이어지기도 한다. 오늘날 우리나라의 자살률은 전 세계 톱클래스에 위치하고 있지 않은가. 왜 이런 결과가 나타날까? 나는 이 역시 내면의 수준 문제로 귀결된다고 생각한다. 사회의 발전에 비해 내면의 성숙이 더디기에 나타나는 결과이다.

내면의 성숙을 사디의 법칙으로

어떻게 내면의 성숙을 이뤄낼 것인가? 이 역시 사디의 법칙을 적용하면 내면의 수준을 끌어올릴 수 있으므로 가능하다고 생각한다. 인간의 내면을 좀 더 디테일하게 들어가 보면 생각과 감정, 마음으로 이루어져 있음을 알 수 있다. 이때 마음은 생각과 감정의 결과에 따라 움직인다. 따라서 생각과 감정이 중요한데 어떤 생각을 하고 살고 어떤 감정을 갖고 하루를 보내는지가 중요하게 된다.

생각과 감정을 지배하는 것은 무엇일까? 그것은 바로 그동안 내가 살아오면서 경험과 지식을 통하여 갖게 된 가치관과 세계관이다. 우리는 어떤 현상을 보거나 문제에 부딪치게 될 때 이 가치관과 세계관에 의해 생각하고 감정을 일으키며 살아간다. 이 가치관과 세계관이 부정적인 것에 치우쳐 있으면 부정적 생각과 말이 나오게 되고 이것이 습관으로 굳어져 나는 부정적으로 생각하고 말하는 존재가 되어버리고 만다. 그리고 감정은 생각의 지배를 받게 되는데 부정적 생각을 하게 되므로 분노, 걱정, 불안, 두려움 등 부정적 감정이 나를 지배하게 되면서 나를 파탄으로 몰고 가게 된다. 이것이 인간 내면이 움직이고 작동하는 메커니즘이다. 내면의 디테일 공부를 통하여 이것을 인식한다면 이제 우리는 수정작업에 들어갈 수가 있게 된다. 이를 통하여 우리의 내면은 새롭게 바뀔 수 있고 성장의 발판을 마련할 수 있게 된다.

어떤 난제가 다가올 때 사람들이 쉬이 포기하는 모습을 보면 안타까운 생각이 들 때가 많다. 나는 어떤 난제든 돌파할 수 있다는 생각을 갖고 있다. 키코 사건으로 인해 나는 감옥생활까지 경험하게 되는데 — 뒷부분에서 이야기할 것이다. — 이때도 나는 분노와 실의에 빠지거나 하지 않고 자아성찰의 계기로 삼으며 내면을 키우는 데 더욱 매진하였다. 호랑이 굴에 들어가도 정신만 차리면 산다는 속담은 내면이 단단한 사람들에게만 해당되는 이야기다. 오늘날 현대인의 내면은 너무도 나약하다. 디테일 공부를 통하여 내면을 키워야 할 시대에 직면해 있는 것이다.

3장

내 사디의 발원지

사소한 디테일

초직관력의 경험

일본 유년시절의 단상

모든 인간은 과거, 현재, 미래의 삶을 살아가게 된다. 이때 과거, 현재, 미래는 각각 서로 분리된 개념이 아니라 마치 생물처럼 서로 유기적 연결을 맺고 있는 관계이다. 과거의 내 모습이 쌓여 현재의 나를 만들고 현재의 내 모습이 쌓여 미래의 내가 되는 것이다. 그런 점에서 현재의 나를 이해하기 위해 나의 과거를 돌아보는 시간을 가지는 것은 중요하다. 이 시간들을 통하여 나와 여러분들은 현재의 내가 어떻게 존재하게 되었는지 이해하게 될 것이다. 더불어 내가 주장하는 디테일의 힘, 신뢰와 신념 등이 어떻게 축적되었는지도 가늠할 수 있게 될 것이다.

나의 출생에 대해 이야기하자면 부끄러운 마음이 앞선다. 왜냐하면 그동안 나는 내가 일본에서 태어났다는 사실을 감추어왔기 때문이다. 그렇게 외국을 많이 다니면서도 나를 한국에서 태어났다고 소개

했지 일본에서 태어났다는 이야기를 하지 않았었다. 돌이켜 그 이유를 되짚어보니 아마도 조국에 대한 자존심의 발로 때문이 아니었을까 생각된다. 그런 이유로 나의 탄생에 대한 진실을 이야기하는 이 시간의 의미가 새롭다.

나는 1939년에 일본의 네 개 섬 중 가장 남쪽에 있는 규슈九州의 구마모토熊本현에 있는 벳부別府라는 도시에서 6남매 중 장남으로 태어났다. 벳부는 온천이 시내 곳곳에서 용출되어 온천으로 유명한 일본 내에서도 용출량 1위에 해당하는 대표적 온천도시이다. 부모님이 일본에서 나를 낳은 까닭은 아버지가 일본의 탄광에 돈 벌러 왔기 때문이었던 것으로 기억한다.

내가 태어난 동네에는 동포들은 거의 없었던 것으로 기억나고 일본 아이들과 동네를 뛰어다니며 놀았던 장면이 남아 있다. 그때 옆집 애가 나와 나이가 거의 비슷해 함께 놀곤 했었는데 하루는 내가 무슨 일(정확히 기억은 나지 않음)로 그 애를 때리는 사건이 발생했다. 그 일본 애가 울고불고해서 그 아버지가 자기 아이를 때린 범인을 찾으러 다녔는데 그래서 찾은 범인이 같은 동네에 살던 소학생한국의 초등학생이었다. 그 소학생이 나 대신 누명을 뒤집어쓴 것이다. 아마도 일본 애의 아버지는 그때 당시 내가 네 살 정도 되던 때이니까 설마 내가 때린 줄은 꿈에도 몰랐던 것 같다. 결국 이 사건은 소학생이 때린 것으로 지나가버렸다.

그 사건 이후 우리 집은 벳부에서 어느 시골마을로 이사를 가게 되었다. 아버지 말로는 벳부에서는 살기가 너무 어려워 몇 사람들의 도움을 받아 이곳으로 이사 오게 되었다고 했다. 시골로 이사 온 후로는 대체로 평온하게 살았던 것으로 기억난다.

주변이 논밭으로 둘러싸여 있었고 대나무 울타리가 쳐져 있던 집이었다. 이때가 태평양전쟁 말기였으므로 미군 비행기가 공습을 해오면 땅굴 비슷하게 만들어놓은 곳으로 숨어 다녔으며 어떤 때는 이 땅굴에서 오랫동안 지내야 하기도 했었다. 이곳에서 아버지는 농사를 지으셨고 나는 마을에서 몇백 미터 가면 폭이 50여 미터 되는 큰 개울에서 수영을 하며 놀곤 했었다. 그런데 당시 수영을 하다가 강둑 제방 모서리에 부딪쳐 피가 나는 일이 있었다. 주변을 둘러봐도 누구 하나 도와줄 사람도 없어 네 살 어린아이 혼자 지혈을 하며 돌아왔던 기억이 난다.

해방 후 고국으로 돌아오는 길목에서

그러던 사이 해방이 되었다. 아버지는 당장 고국으로 돌아가야 한다며 이사를 서둘렀다. 당시 일본에서 고국으로 돌아가기 위해서는 시모노세키下關항에서 배를 타야 했다. 우리 가족은 겨우 배를 잡아타고 그 험하다는 쓰시마對馬 해협을 건너게 되었다. 그런데 중간에 파도가 너무 심해 우리가 탄 배가 대마도對馬島에 정박해야 하는 일이 발생했다. 언제 다시 배가 떠날지 몰라 배에 탔던 사람들은 모두 짐을 가지고 배에서 내려야 했다.

우리 가족도 짐을 가지고 배에서 내려 마냥 기다리고 있을 때였다. 사람들이 정박해 있던 배 두 대 중 한 대가 심한 바람에 풀려 떠내려갔다는 이야기를 전해왔다. 사람들은 이러다가 고국으로 돌아가지 못하는 것 아닌가 하는 불안감에 휩싸였다. 그때 어린 나이였지만 나 역시 그 이야기를 듣고 갑자기 무서운 생각이 들었던 기억이 난다.

다행히 바람이 잦아지고 배가 다시 뜬다고 해서 우리 가족도 짐을

어린 나이에 두려움을 이겨내고 성공했던 경험의 시간들은
80이 넘은 지금의 나이에도 생생히 기억하고 있다.
그것이 나의 밑바당이 되어 바닥에서부터 지금까지 오는 데
큰 원동력이 되어주고 있다. 지금도 가슴에 아득히 남아 있는 이 경험이
사소한 성장의 디테일이 되어 결국은 회사를 키우고 어려움을
이겨내는 동력이 된 것이다.

가지고 다시 배를 타려던 순간이었다. 당시 내가 장남이고 둘째가 갓 난아기였던 여동생이 있었는데 어머니가 등에 업고 아버지는 짐을 들고 있었기에 나 혼자 배에 올라타라고 했다. 그런데 바람이 잦아들었다고 했는데도 파도는 심하게 치고 있었고 배도 많이 흔들리던 상태였다. 당시 배는 좋은 배가 아니라 열악한 상태의 연락선이었던지라 배가 더 많이 흔들렸던 것 같기도 하다. 배에 타기 위해서는 계단을 타고 올라가야 했는데 나는 그 계단과 계단 바로 아래의 시퍼런 바닷물을 보는 순간 어린 마음에 갑자기 공포스러운 생각이 훅 밀려왔다. 계단을 올라가다가 잘못하면 떨어져 죽을 수도 있겠다는 생각이 스친 것이다. 그리고 그 순간만은 어머니도 아버지도 나를 도와주지 못할 거란 생각까지 하니 갑자기 세상에 나 혼자라는 느낌에 눈물이 질금거리며 아득해지기 시작했다. 이 순간 나는 홀로 이 계단을 올라가 살아남아야 한다. 그때 나는 온정신을 바짝 차리고 젖 먹던 힘까지 다하여 겨우 그 계단을 오르는 데 성공했다. 그때의 희열은 지금도 내 가슴에 아득히 남아 있다.

그렇게 배를 타고 가는데 이번에는 갑자기 소변이 마려웠다. 그래서 배 위의 화장실을 찾았는데 세상에 화장실이란 게 배의 갑판에 커다란 구멍 뚫어놓은 것이 전부였다. 그런데 당시 여섯 살에 불과했던 나에게 이 구멍은 매우 크고 위협적으로 느껴졌다. 구멍 아래를 내려다보니 시퍼런 물결이 나를 삼킬 듯 넘실거리고 있었다. 오줌은 마려워 볼일은 봐야겠는데 화장실은 너무 무서워 이러지도 저러지도 못하며 공포에 떨어야 했다. 그럼에도 불구하고 나는 소변보는 것을 선택했다. 커다란 화장실 구멍 위에 서자 다시 시퍼런 물결이 보이며 저기 빠지면 죽겠다는 생각이 스쳤다. 그럼에도 나는 그 죽음의 공포를 이겨내고 훌륭히 볼일을 보는 데 성공했다. 이 두 가지 기억은 작지만 지금도 내 삶의 밑바탕에서 올라오는 원동력이 되어주고 있다.

대구 대봉동의 단칸방 시절

어렵게 한국으로 돌아온 우리집은 대구 중구의 대봉동에 정착하게 되었다. 대봉동의 방천시장 내에 자리 잡은 우리집은 지금의 김광석 스토리하우스와 가까웠으며 근처에는 수성천이 흐르고 있었다. — 수성천 건너편은 현재의 수성구로 옛날에는 논밭이었으나 지금은 이곳이 대구에서도 중심지가 되어 있다. — 부모님이 이곳을 정착지로 삼은 까닭은 외조부님이 이곳에 살고 있었기 때문이었다. 아버지의 본가는 칠곡이었는데 당시 칠곡에는 가까운 친척들이 살고 있지 않아 대구를 정착지로 삼을 수밖에 없었던 처지였다.

아버지는 이곳 대봉동의 방천시장 내에 쌀가게를 얻어 생계를 꾸려 나가기 시작했다. 아버지는 쌀가게 안쪽에 손수 집을 지었는데 거기 딸려 있는 방 한 칸과 부엌이 우리 집의 전부였다. 어머니는 이곳에서 4남매를 더 낳아 나의 형제는 총 6남매가 되었다. 나는 4남2녀의 장남으로 막내 남동생과의 나이 차이가 열두 살이나 났기에 어릴 적부터 나름 무거운 책임감을 가지고 살았다. 부모님과 6남매가 살기에는 방 한 칸에 부엌 달린 집이 너무 좁았기 때문에 나중에는 아버지가 다락방을 만들어 이 문제를 해결하기도 했다. 물론 장남인 내가 좁은 다락방에서 자야 하는 것은 당연지사였다.

나는 이곳에서 초·중·고를 모두 다니게 되었는데 초등학교는 대봉동과 인접한 삼덕동의 삼덕초등학교를 다니게 되었다. 삼덕초등학교는 집에서 약 2킬로미터 가량 떨어져 있었는데 매일 30~40분을 걸어서 다녔던 기억이 난다. 학교 다녀온 후로는 동네를 뛰어다니며 놀았었고 돌치기 딱지치기를 하면서 놀았던 기억이 난다. 또 가까운 곳에 수성천신천이 있었기에 그곳에서 수영을 하며 놀기도 했었다. 한번은 다이빙을 하기 위해 높은 곳까지 올라갔었는데 높은 곳에 오르자 갑자기 그때 일본의 연락선 계단을 오를 때의 공포가 떠올랐다. 여기서 떨어지면 부모님도 나를 도와줄 수 없다는 생각에 다시 공포가 밀려왔으나 나는 훌륭하게 다이빙을 해내었던 기억이 생생하게 난다.

초등학교 때는 상위권 성적이 아니었는데 중학교에 진학하면서부터 나는 전교 1, 2등을 놓치지 않게 되었다. 고등학교는 경북고등학교로 진학하게 되었는데 여전히 내 성적은 상위권이었다. 이 때문에 우리 집은 물론이고 시장 동네 전체에서도 나는 공부 잘하는 모범생으로 소문나게 되었다.

6·25 피난과 내 안의 초직관력 발견

내가 열두 살이 되었을 때 6 · 25사변이 터졌다. 우리 집은 당시 외할머니, 외할아버지가 과수원을 하고 계셨던 경산으로 피난을 가야 했다. 어머니, 아버지는 짐을 바리바리 싸서 육남매를 데리고 피난길에 나서셨다. 경산으로 가는 사이 고모령이란 고개가 있었는데 그 고개를 아주 힘들게 넘어갔던 기억이 남아 있다. 그래서 〈비 내리는 고모령〉이란 노래 가사를 들을 때마다 그때 기억이 새록새록 떠오르곤 한다. 특히 "비 내리는 고모령을 언제 넘느냐 눈물 어린 인생고개 몇 고개이더냐"라는 대목에서는 자꾸 그때 고생스럽게 고개를 넘던 어머니의 모습이 떠올라 가슴이 먹먹해진다.

그렇게 겨우 외할머니 집에 도착하여 우리 가족은 그곳에서 피난 생활을 시작하게 되었다. 한번은 구정 설날에 외삼촌이 친구 집에 간다고 집을 나서려 하는데 아무리 찾아도 버선발 대님이 안 보이는 것이었다. 결국, 시간이 다 되어 대님을 찾지 못한 채 집을 나서고 말았는데 외삼촌이 집을 떠나고 나서야 대님을 찾게 되었다. 마침 그때 내가 중학생이다 보니 외할머니가 나에게 그 대님을 외삼촌에게 빨리 전해주라고 했다. 이미 외삼촌이 집을 나선 지 시간이 제법 되어 과연 내가 외삼촌을 따라잡을 수 있을까, 걱정하며 뜀박질을 하기 시작했다. 중간에 강이 하나 있었는데 당시는 나룻배로 강을 건너던 시절이라 만약 강을 건넜으면 대님을 전해주지 못할 수도 있는 상황이었기 때문이었다.

아니나 다를까, 내가 약간 경사진 둑을 내려오면서 개천 쪽을 보는데 외삼촌이 이미 배를 타려 하고 있던 순간이었다. 그때 나와 외삼촌과의 거리가 너무 멀어 도저히 대님을 전해줄 수 없는 상황이라는 판단이 들었다. 순간적으로 내가 밟고 있던 자갈이 눈에 들어왔다. 나도 모르게 그 자갈에 대님을 묶어 "외삼촌" 하고 큰소리를 질렀다. 그때 외삼촌이 내 목소리를 듣고 돌아봤고 나는 있는 힘을 다하여 대님을 묶은 자갈을 외삼촌을 향해 힘껏 던졌다. 그렇게 외삼촌에게 대님을 전해줄 수 있었고 멀리서 외삼촌이 나에게 고맙다는 표시를 해보였다.

그 순간 나는 나 자신에게 놀랐다. 어떻게 순간적인 기지를 발휘할 수 있었는지 신기했기 때문이었다. 만약 자갈에 묶어 던질 생각을 하지 못했다면 외삼촌에게 대님을 전해주지 못하고 말았을 것이다. 그때가 최초로 내 안의 직관력을 발견한 순간이었는데 이후로 나는 위기 때마다 이러한 직관력이 발휘되곤 하는 경험을 하게 된다. 직관력이란 어떤 대상을 곧바로 파악할 수 있는 능력으로 갑작스러운 순간을 맞이하거나 위기를 당하게 될 때 유용하게 쓰일 수 있는 힘이다. 순간적으로 무슨 문제가 생겼을 때 금방 답이 탁 튀어나오는 능력이다. 나는 갑자기 무슨 일이 터지면 머리가 마치 컴퓨터처럼 막 돌아가면서 이걸 어떻게 해결할 수 있겠다 하는 답이 탁 튀어나온다. 예를 들어 몇 월 며칠에 미국에 도착해야 한다면 언제까지 뭘 준비하고 서울 도착을 몇 시에 하고 그 다음에 뭘 타고 하는 것들이 머리에 착 떠오른다. 만약 자신 안에 이러한 직관력을 끄집어낼 수 있다면 우리는 험난한 여정의 삶을 살아가는 데 큰 도움을 받게 될 것이다.

공부 잘하는 모범생

장세일이 공부 잘하고 모범생이란 소문은 대봉동 전체에 다 날 정도가 되었다. 한번은 중학교 2학년 때인가 소풍을 가는데 그때는 소풍도 걸어서 가던 시절이었다. 마침 소풍 가는 길에 우리 집 뒤쪽 도로를 지나치게 되었는데 갑자기 별명이 두꺼비인 선생님이 아이들을 모두 세우더니 "여기가 장세일이 집이다!" 하고 외치는 것이 아닌가. 나는 깜짝 놀라 얼굴이 홍당무가 되었는데 알고 봤더니 이런 누추한 집에서 자란 애가 공부를 잘하니 배우라는 뜻으로 한 행동이었다. 당시 나는 반에서는 1~2등을 했었고 전교에서도 3등 이내였다.

사실 내가 초등학교 들어가면서부터 공부를 잘한 것은 아니었다. 더하기 빼기란 말을 못 알아들을 성노였다. 그러니 성적이 잘 나올 턱이 없었다. 그런데 이모가 나에게 "하나에 다른 하나를 더하면 둘이 되지? 이게 더하기야. 그리고 둘에 하나를 빼면 하나가 되지? 이게 빼기야." 하면서 가르쳐줬는데 그제야 나는 더하기, 빼기의 개념을 알게

중·고등학교 시절

대학 졸업과

유공 다니던 시절

되었다. 이후로 나는 서서히 공부에 관심을 가지게 되었다. 특히 초등학교 3학년 때 담임이셨던 이혜숙 선생님이 나에게 부드럽게 잘 대해주셔서 많이 따랐었는데 얼굴도 예쁘고 성격도 참 좋으셨던 선생님으로 기억에 남아 있다.

나는 글씨를 배우면서 펄펄 날려 쓰곤 했는데 이 또한 지적을 받고 또박또박 쓰는 연습을 하였다. 나중에는 애들이 나더러 글씨 잘 쓴다는 칭찬을 해줄 정도가 되었다. 이후 3학년, 4학년 올라가면서 성적이 오르기 시작했고 중학교 들어가기 직전에는 10등 이내까지 성적이 올랐던 것으로 기억난다.

초등학교 2학년 때 기억으로 그때 내가 왜 그랬는지 모르겠지만 사탕과 과자를 사먹으려고 어머니 돈을 슬쩍 훔쳤던 적이 있었다. 당연히 발각되었고 어머니는 나를 호되게 야단치셨다. 당시 대나무로 만든 조리라는 것이 있었는데 그걸로 심하게 매를 맞았었다. 손이 터져서 피가 날 정도였으니 그때 어머니가 얼마나 세게 매질을 하셨는지 알 수 있다. 덕분에 이후로는 한 번도 그런 행동을 한 적이 없다. 부모는 자녀가 잘못했을 때 반드시 훈계를 해야 한다. 과거의 부모님들은 이걸 잘하셨다. 그런데 요즘 부모들은 자녀의 훈육을 잘하지 못하는 것 같아 안타깝다. 하나 둘만 낳아서 자녀가 귀하기에 그런 건지, 아니면 문화가 바뀌어 그런 건지 모르겠지만 자녀의 잘못을 훈계하지 않아 비뚤어지는 것은 오롯이 부모의 책임으로 돌아올 수밖에 없다.

집안의 몰락

여장부 어머니와 여린 아버지

아버지의 쌀가게는 나름 승승장구했다. 아버지는 돈을 벌어 이웃 가게를 인수하여 사업을 확장해 나가셨다. 그런데 당시 수성천에 다리공사를 하게 되었는데 엉성하게 나무로 된 다리를 보강하는 토목공사였다. 이 공사를 아버지와 친한 분이 진행하였다. 4개월 동안이나 진행되었는데 아마도 여기에 아버지가 쌀을 외상으로 대주셨던 것 같다. 그런데 이 공사가 부도가 나는 바람에 아버지는 큰 손해를 보게 되셨고 그 후로 우리 집안의 상황은 완전히 달라지게 되었다. 소심한 성격의 아버지는 큰 충격을 받으셨는지 이후로 술에 빠져 지내게 되었다. 아버지는 키가 작고 곱상하게 생긴 얼굴에 정직하며 인정이 많았던 분이셨다. 그런 분이 이런 큰일을 당하니 아마도 중심이 흔들렸던 모양이다. 사실 아버지는 성격상 장사하는 스타일이 아니셨다. 장사를 하려면 때로는 할 소리도 하고 사람들에게 야박하게 굴 줄도 알아야 하는데 아버지는 성격이 여성스러워서 당하기만 하고 사셨다. 그러니 장사가 제대로 될 리가 없었다.

다행히 어머니는 아버지와 달리 여장부 스타일의 단단한 분이셨다. 어려운 일이 생기면 걱정 대신 도리어 용기를 북돋아주곤 하셨다. 아버지가 술독에 빠져 지내자 이제 장사 일은 어머니의 몫이 되었다.

안 좋은 일은 연이어 일어나는 법일까, 어머니에게도 문제가 생겼다. 당시 어머니가 계모임을 하고 있었는데 계주가 그 돈을 모두 들고 밤새 야반도주하는 사건이 발생하고 만 것이다. 내가 듣기로 열 명이서 100만 원씩 내고 1,000만 원을 타는 그런 계모임이었던 것 같다. 이런 계모임은 아주 친한 사람들끼리 하는 법인데 떼인 돈도 돈이지만 배신감은 이루 말할 수 없었을 것이다. 다행히 아버지와 달리 어머니는 여장부 스타일이라 이 괴로운 상황을 당당히 잘 견디어주셨다.

나중에 서울대에 합격한 후 아는 분을 통해 사기치고 도망간 사람이 서울의 미아리 시장에서 장사한다는 소문을 들었다. 그분이 나더러 한번 가보라 해서 미아리 시장을 찾아갔는데 입구에서 그 사람이 장사하고 있는 것(부부가 함께)을 발견하였다. 그 사람은 나를 보고 깜짝 놀랐으며 그때 사기 친 돈은 다 써버려 삶기 힘들다는 말로 얼버무렸다. 그래도 양심은 있었던지 내가 서울대학교에 입학했다고 하자 내 대학 등록금을 한 번 대주기는 했었다.

이후로 장사도 안 되어 우리 집안은 더욱 어려워졌다. 그 모진 세월 어머니 홀로 꿋꿋이 육남매를 키워내셨던 것을 생각하면 지금도 눈물이 앞을 가린다.

이런 일들이 내가 중·고등학교 다닐 때 연이어 일어났다. 이제 대학 진학을 앞두고 있던 나는 심각하게 진로고민을 하지 않을 수 없는 처지에 놓이고 만 것이다.

장남으로서의 진로 고민

여느 장사하는 집 자식들이 그렇겠지만 나는 장남으로서 부모님의 장사를 돕기 위해 쌀가게 일을 돕곤 했었다. 때로는 쌀을 배달하기 위해 짐자전거에 쌀을 싣고 다니기도 했었다. 중학교 때까지 이런 일을 하였으나 워낙 공부 잘하는 모범생이란 소문이 돌자 어머니께서 고등학교 진학 이후로는 쌀가게에 나오지 못하게 하셨다. 오로지 공부만 하라는 부모님의 뜻이 담겨 있었기에 나는 더욱 공부에만 매진할 수밖에 없었다.

집안이 어려워지기 전까지 나는 공부를 잘했기에 당연히 대학에 진학하리라 생각하고 있었다. 동네에서는 공부 잘하는 모범생으로 소문나 있어 친구들도 나에게 함부로 하지 않고 서로 잘 지냈다. 자리가 사람을 만든다는 말도 있듯 나도 친구들과 수성천에서 수영도 하고 놀았지만 모범생 이미지에 벗어나지 않으려 잘 싸우지도 않고 점잖게 행동했다.

어머니는 아버지와 달리 여장부 스타일의 단단한 분이셨다.
어려운 일이 생기면 걱정 대신 도리어 용기를 북돋아주곤 하셨다.
모진 세월 어머니 홀로 꿋꿋이 육남매를 키워내셨던 것을 생각하면
지금도 눈물이 앞을 가린다.

그러던 사이 집안이 어려워지자 이래 가지고 내가 대학에 갈 수 있겠나, 하는 고민에 빠지게 되었다. 아래로 동생들은 많지, 아버지는 술독에 빠져 지내시지, 어머니 홀로 저 고생을 하시는데 양심이 있다면 어떻게 나 혼자 대학 간다고 할 수 있단 말인가. 당장은 장남으로서 집안을 일으켜 세워야 한다는 생각이 강하게 들었다. 차라리 대학 진학을 포기하고 돈을 벌어야 한다는 생각을 하기도 했었다. 빨리 졸업하고 돈도 벌어 아래로 동생들을 부양해야겠다는 생각이 강하게 밀려왔던 것이다.

하지만 그러기엔 당시 나의 학교 성적이 너무도 아까웠다. 나는 대구에서도 전교 1~2등이 갈 수 있다는 경북고등학교에 다니고 있었다. 그 경북고등학교에서도 전교 10등 이내에 들었기 때문에 서울대학교는 충분히 갈 수 있는 그런 성적이었다. 시장 내에서도 이런 소문이 자자하여 이웃 시장 상인들은 당연히 내가 서울대학교로 진학하는 것이라 여기고 있었다.

이런 상황인데 내가 대학진학을 포기하고 돈을 벌어야 할까. 이것 또한 불효라는 생각이 나를 지배하였다. 막상 직업전선에 나서려 해도 그 당시 좋은 일자리가 없어 고민할 수밖에 없었다. 그때의 혼란이란 이루 말로 표현할 수 없을 정도였다. 결국 대학진학으로 마음이 기울었는데 등록금을 생각하면 다시 마음이 흔들렸다. 당시 우리 집은 도저히 내 대학 등록금을 댈 형편이 못 되었기 때문이었다.

원대한 대통령의 꿈과 법관의 꿈

초등학교 때 나는 막연히 대통령이 되고 싶은 꿈이 있었다. 당시 대통령은 이승만 대통령이었는데 그 모습이 멋져 보여 그럴 수도 있겠고, 어쨌든 나도 큰 인물이 되고픈 마음이 있었다. 그런데 당시 아이들은 나뿐만 아니라 대통령, 장군 등이 되고 싶다는 꿈이 많았다. 그런데 요즘 아이들 중 대통령, 장군이 되고 싶다고 말하는 아이들을 본 적이 없다. 요즘 아이들의 꿈은 대개 돈 잘 버는 인기 스포츠 선수나 연예인 쪽으로 흐르는 것 같다. 왜 이런 현상이 나타날까, 안타까운 마음이 드는 것이 사실이다. 왜냐하면 우리 사회가 너무 물질 만능주의로 흐른 것이 아닌가 하는 생각이 들기 때문이다. 요즘 대통령과 정치인들이 많은 잘못을 하여 신문지상에 오르내리는 것도 크게 한몫을 하였을 테다. 어쨌든 우리 삶의 목적이 단지 내 한 육신의 영달을 위해서라는 인식은 개선되어야 한다. 나는 우리 삶의 목적이 국민교육헌장보다 잘 나타나 있는 곳을 본 적이 없다.

'우리는 민족중흥의 역사적 사명을 띠고 이 땅에 태어났다.
안으로 자주독립을 확립하고 밖으로 인류공영에 이바지할 때다.'

우리 개인 삶의 분명한 목적은 이 사회와 국가에 이바지하고 더 나아가서는 전 세계 인류의 공영에 이바지하기 위해 훌륭한 쓰임을 받기 위해서다. 나는 지난 80여 년간 오로지 이 목적으로 살아왔다. 그럴 때 삶은 더욱 활기차고 행복을 맛볼 수 있는 법이다. 하지만 개인의 영달을 위한 삶은 일시적으로 행복을 맛볼 수 있을지 모르나 결국에는 서로의 반목과 끝없는 욕심만 부추겨 파멸로 이끌 뿐이다.

중학생이 되었을 때 우연히 법률잡지를 보게 되었다. 쌀가게를 하는 누추한 집에 어떻게 법률잡지가 들어오게 되었는지는 불명확하다. 어쨌든 법률용어란 게 어렵고 딱딱하여 눈에 잘 들어오지도 않을 텐데 이상하게 나는 관심을 가지고 그 잡지를 읽고 또 읽었다. 그러면서 나는 법관이 되어 더 높은 자리로 올라가면 대통령의 꿈에 더 가까워질 수 있겠다는 생각을 하였다. 현실적으로 성적도 어느 정도 받쳐주고 있었으므로 고시를 하면 법관이 될 수 있는 길이 열려 있기도 했었다. 그래서인지 법관의 꿈은 중학교를 지나 고등학교까지 쭉 지속되었다.

그러나 고2가 되면서 이 꿈은 힘을 잃게 되는데 그 직접적인 원인은 역시 가세가 많이 기울었던 영향이 컸다. 6남매 집안의 장남으로서 나는 당장 집안을 일으켜 세워야 하는 막중한 책임감에 시달리고 있었다.

혼란 속에 치러진 육사 시험과 서울공대 시험

고2 겨울방학 때 드디어 내 미래를 결정짓는 사건이 벌어졌다. 당시 서울공대 붐이 일고 있던 시절이었는데 마침 우리 학교 출신 서울공대 선배들이 학교를 방문하였다. 그리고 너희 같은 수재들이 공대를 택하면 우리나라 산업발전에 이바지할 수 있을 뿐만 아니라 돈도 많이 벌 수 있다는 정보를 알려주었다. 당시가 1950년대 말이라 우리나라가 엄청 못살 때였다. 통계로 봐도 우리나라 경제가 전 세계 최하위권에 있을 정도의 시기였다.

그때 우리 집도 가세가 기울어 가난에 한이 맺혀 있던 상태였으므로 나는 선배들의 말을 들으며 순간적으로 가슴이 뭉클함을 느꼈다. 저 길이 내 길이라는 생각이 스쳐 서울공대를 지원하겠다는 뜻을 밝혔다. 그러나 돌아서자마자 후회가 밀려왔다. 왜냐하면 기술 쪽으로만 해가지고 대통령같이 큰 꿈을 이룰 수 있겠나, 하는 의문이 들었기 때문이다.

이런 고민 때문에 나는 서울공대 시험을 보기 전에 육군사관학교 시험을 먼저 봐야겠다고 생각했다. 서울공대는 내 꿈과 거리가 있고 또 등록금이 부담되었지만 육군사관학교는 오히려 내 꿈과 가깝고 또 국비라 등록금 부담도 없었기 때문이었다.

그런 생각으로 난생 처음 서울행 기차에 몸을 실었다. 지금이야 기차도 괜찮은 교통수단이 되었지만 그때만 하더라도 열악하기 그지없었다. 앉을 자리는 당연히 없었고 나처럼 서울에 시험 보러가는 학생들이 콩나물시루처럼 빼곡히 서 있었다. 교복을 보니 부산고, 경남고, 경남여고, 경북여고 등 다양하기 그지없었다. 그 속에서 나는 중심을 잡고 설 자리조차 잡지 못한 채 헤매고 있었다. 그런데 그 순간 경북여고 여학생이 나에게 자리를 살짝 비껴주는 것이 아닌가. 얼마나 고맙던지… 하지만 그때 나는 수줍은 채 고맙다는 말도 건네지 못하고 말았다.

나는 생각대로 먼저 육군사관학교 시험을 보러 갔다. 아무래도 서울공대보다는 육군사관학교가 내 꿈을 이루는 데 더 도움이 될 것 같다고 생각했기 때문이었다. 물론 군인이 되어 집안을 도울 수 있겠다는 생각을 하지 않은 것도 아니었다. 어쨌든 그때 나는 한군데 마음을 정하지 못한 채 혼란스러운 상태에서 육군사관학교 시험에 응했다.

당시 육군사관학교는 입학시험을 아주 철저히 치르고 있었다. 수학시험이 있었는데 무려 20문제나 나왔다. 그것도 모두 주관식으로 푸는 문제들이었다. 요즘 같으면 상상도 못할 난이도였지만 당시 나는 수학에는 자신이 있었으므로 그 문제들을 쉽게 풀어낼 수 있었다. 또 영어시험을 보는데 면접관이 들어와 《다이제스트》 영어잡지를 쫙 펼치더니 이걸 다 읽어보라고 했다. 나는 영어에는 자신이 있어 교관이 내놓은 문제를 다 맞힐 수 있었다.

당시 육사 면접관이 나에게 왜 이곳에 오려 하느냐고 물어왔다. 나는 내 꿈과 집안 사정 이야기를 하며 서울공대와 이곳을 놓고 고민하다 이곳에 먼저 시험을 보러왔다고 솔직히 답변했다. 그랬더니 이 면접관이 나에게 육사보다는 서울공대에 갈 것을 추천해주는 것이 아닌가. 아마도 이분이 서울대를 다니다가 군장교로 육사에 와 근무하고 있었던 것 같았다. 그때 나는 그분의 이야기를 듣고 비로소 나의 진로를 서울공대로 정해 그동안의 혼란스러움을 잠재울 수 있었다.

그렇게 나는 그 면접관의 권유대로 서울공대 시험을 치르게 되었다. 서울공대 시험 역시 육사만큼 만만치 않은 시험이었지만 나는 최선을 다해 문제를 풀어냈다. 당시는 시험결과를 라디오로 알려주는 방식이라 떨리는 가슴으로 듣고 있는데 합격자 명단에 내 번호와 이름이 호명되었다. 서울공대에 당당히 합격하는 순간이었다. 아버지, 어머니는 펄쩍펄쩍 뛰시며 가문의 영광이라고 좋아하셨지만 나는 여전히 등록금에 대한 부담 때문에 마냥 기뻐할 수만은 없는 마음이었다.

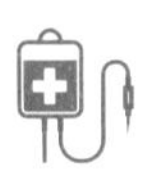

고기 먹고 토한 까닭

그때 서울공대 선배들이 학교에 와서 공대에 오면 돈도 많이 벌 수 있다는 유혹에 넘어간 이유가 있었다. 당시는 이승만 정부 말기로 정말 우리나라가 못살 때였다. 비록 우리 집은 쌀가게를 해 나는 쌀밥 맛을 보긴 했지만 당시 웬만한 가정은 쌀밥을 먹기 힘들었으며 반찬은 김치와 된장이 전부이던 시절이었다. 당연히 고기반찬은 구경도 하기 힘들 때였다.

나 역시 고기를 먹지 못하며 자라서 그런지 고기가 안 맞아 고기를 잘 먹지 못했다. 초·중·고등학교 시절 제사 때 고기가 나온 적도 있었으나 그때도 고기에 손을 대지 못했다. 그러다 대학교 가서 과외를 할 때였다. 주인 분들이 평양에서 오셨는데 참 좋은 사람들이었다. 남편 분은 일을 하지 않았고 아내 분이 치과의사셨다. 그분들이 고기를 좋아해 마당에 숯불을 피우고 석쇠로 고기 구워 먹는 것을 즐겼다. 그때 나에게도 구운 고기를 건네주었는데 그것을 받아먹고 속이 뒤틀리며 토할 것 같아 큰 애를 먹었던 기억이 있다.

그때의 고기에 대한 안 좋은 추억 때문에 이후로도 나는 당최 고기를 먹지 못한 채 지내야 했다. 이런 일은 직장에 취직한 후에도 계속되었다. 혹시 고기 회식을 가게 되더라도 나는 고기를 입에 대지 않고 야채 반찬만 먹곤 하였다.

그러다 현장근무를 하겠다고 울산공장에 내려가 있던 시절이었다. 한 친구가 맛있는 고깃집이 있다며 소고기를 먹으러 가자고 해 분위기상 도저히 거절할 수 없어 따라갔다. 이번에도 고기만 먹지 않으면 되겠지라는 생각으로 그 친구를 따라 소고기집으로 갔다. 그런데 이 친구가 자꾸 이 집 고기가 너무 맛있다며 내게 소고기를 권하는 것이 아닌가. 나는 할 수 없이 먹는 시늉이라도 해야겠다 싶어 소고기 한두 점을 겨우 입에 넣었는데 아니나 다를까, 이번에도 예상대로 속에서 탁 걸리는 느낌이 들었다. 그 친구는 맛나게 고기를 먹어댔으나 나는 그 모습을 그저 허허 웃으며 지켜보고 있을 수밖에 없었다.

그 시절 나는 육고기만 못 먹는 게 아니라 회나 초밥도 입에 대지 못했다. 한 번은 친구가 초밥을 먹으러 가자고 해 따라갔는데 그 친구가 초밥을 어찌 그리 맛있게 먹던지… 그럼에도 불구하고 나는 그 맛있는 초밥을 입에 대지도 못한 채 멀뚱멀뚱 그 친구가 맛있게 먹는 모습을 지켜보고만 있어야 했다.

이후 울산공장에 근무하면서 조금씩 고기를 먹게 되었는데 현장

근무자들이 고기를 많이 먹기 때문이었다. 나도 고기를 먹어야 그들과 어울릴 수 있겠다 싶어 고기를 조금씩 먹었던 게 유효했던 것 같다. 이후로는 고기를 잘 먹을 수 있게 되었는데 그때 내 나이가 40대에 접어들었을 때니 나는 무려 40대까지 고기를 입에 대지도 못한 채 풀만 먹고 살아왔던 것이다.

내가 고기 이야기를 하는 이유는 사람마다 한두 가지 약점이 있기 때문이다. 사람들은 이 약점 때문에 묶인 채 살아가게 되는데 이 약점을 해결하지 않으면 평생 약점에 묶인 채 불편한 삶을 살아갈 수밖에 없다. 하지만 약점을 해결하고 나면 묶임에서 풀려나 그렇게 자유로울 수 없다. 그런 점에서 나는 고기 사건을 통하여 약점은 나를 괴롭히려고 존재하는 것이 아니라 풀라고 존재하는 것임을 깨달았다. 부디 여러분도 약점의 노예가 되지 말고 약점을 극복하기 위한 삶을 살기 바란다.

입주 과외로 보낸 대학시절

입주 과외로 배운 것

지금도 서울대를 가면 가문의 영광이요 학교의 영광이요 지역의 영광이라면서 플래카드를 걸고 하는 문화가 일부 남아 있을 만큼 당시도 서울대 합격은 대단한 의미를 지니고 있었다. 이 때문에 나는 내심 집안에서 학비를 좀 보태주지 않을까, 하는 기대가 있었다. 당시 외가의 외삼촌네와 이모네가 형편이 좀 괜찮았기 때문이었다. 그런데 등록금 낼 날짜는 다가오는데 돕겠다는 말 한마디가 오질 않았다. 결국 첫 등록금은 앞에서 이야기했던 어머니 곗돈 떼먹고 줄행랑한 사람이 댄 논으로 겨우 내게 되었다. 이 일로 나는 이후 오랫동안 외가에 대한 반감을 갖게 되었다. — 오랜 세월이 지나 이모를 만났는데 그때 도와주지 못해 늘 괴로운 마음을 갖고 있었다며 사과해왔다. 나는 그 사과를 받아주었으며 오히려 그 바람에 내가 더 강해질 수 있었다고 위로해주었다.

그렇게 나의 대학생활이 시작되었다. 당시 서울공대는 공릉에 있었기에 시골환경이나 다름없었다. 나는 학교 근처에서 하숙을 했었는데 1학년은 부모님이 어떻게, 어떻게 해서 마련한 돈으로 겨우 지낼 수 있었다. 하지만 장남으로서 집안 사정을 너무 잘 알기에 늘 부담이 가슴 한편을 묵직하게 누르고 있었다. 그러던 1학년 겨울방학 때 동생으로부터 편지가 날아왔다. 나는 너무 어려운 집안사정 이야기를 읽으며 더 이상 눈물이 앞을 가려 읽어 내려갈 수가 없었다. 그때 가정교사를 하며 돈을 벌어야겠다는 생각을 하게 되었다.

당시 서울대 친구들 중 집안사정이 어려운 애들이 입주 과외를 하는 경우가 많았는데 친구에게 물어보니 다방에서 하는 신문광고를 내라고 했다. 돈 몇천 원 주면 낼 수 있는 광고였기에 나는 여기에 광고를 냈고 드디어 첫 입주 과외가 서대문 충정로에 있는 집으로 결정되었다. 그 집에서 나는 고등학교에 들어가야 하는 중학생 남자애와 중학교에 가야 하는 여자애 둘을 가르쳐야 했다. 나는 열심히 애들을 가르쳤고 다행히 둘 다 합격하는 기쁨을 누릴 수 있었다. 그 집에 할머니가 있었는데 입에 침이 마르도록 나를 칭찬해줬던 기억이 난다.

이 집 사람들이 얼마나 나를 잘 봤던지 한번은 고모라는 사람이 나에게 자기 사위 삼고 싶다는 말을 하였다. 그러면서 자기 딸과 선을 보라 하는데 이제 대학교 2학년이 무슨 선이냐며 손사래 쳤지만 막무가

내였다. 남편이 한전에 근무하고 있었는데 결국 남편도 나를 보러오고 마음에 들어 하였다. 그렇게 하여 결국 그 고모의 딸과 선을 보게 되었는데 첫 인상이 마음에 들지 않아 이 일은 없던 것으로 되고 말았다.

그렇게 그 집에서 대학교 2학년을 거의 보내고 있을 무렵인 12월쯤이 되었을 때 문제가 발생했다. 알고 보니 이 집 아버지가 미국대사관에서 2등 서기관으로 근무하고 있었는데 어떤 일로 그만두게 돼 집으로 돌아온 것이었다. 결국 나는 다른 입주 과외 자리를 알아봐야 하는 처지가 되었다.

다음으로 간 곳은 을지로 오장동에 있는 어떤 집이었다. 그때 나는 대학 3학년이 되어 ROTC 학군단에 지원했기 때문에 훈련에 참여해야 하는 상황에 놓여 있었다. 하지만 그 이야기를 하면 받아주지 않을까 봐 이야기를 하지 않은 상태에서 입주 과외를 시작하게 되었다. ROTC 훈련이 여름방학 기간인 8월 한 달 동안 있었는데 나는 그 시기가 다가오자 더 이상 말하지 않을 수 없어 사정 이야기를 꺼냈다. 이북 출신이었던 집 주인은 당황하는 눈치였으며 그렇게 8월 한 달을 마치고 돌아왔을 때 이미 다른 과외 선생이 자리를 꿰차고 들어와 다시 과외자리를 알아봐야 하는 처지가 되었다.

세 번째로 들어간 집은 용산에 있는 치과의사 집이었다. 남편은 일을 하지 않고 아내가 치과의사를 하던 집이었는데 서울대를 가려는 용산고 3학년 아이를 가르쳐달라고 했다. 이 집은 고3 말까지만 지낼 수 있는 곳이어서 오래 있을 수 있는 집이 아니었다. 다음으로도 나는 영등포, 청파동 등을 돌며 나머지 대학 4학년 생활까지 입주 과외로 보내야 했다. 이 과정에서 기억에 남는 장면은 내가 3학년 말인가 4학년 초에 심한 몸살감기에 걸려 고생한 적이 있었는데, 입주 과외 집을 드나들던 해군 대령이란 분이 나에게 약을 하나 건네 와서 그 약을 먹었는데 정말 귀신같이 나았던 기억이다. 그때 그분이 얼마나 고맙던지, 이 지면을 빌어 다시 한 번 감사를 드린다.

입주 과외를 하게 되면 아무래도 대학생활을 열심히 할 수 없는 시간적 제약을 받게 된다. 매일 학생을 가르쳐야 하는 시간을 따로 빼야 하고 또 당시 서울공대가 공릉에 있었기에 학교까지 오가는 시간도 거의 왕복 4시간 정도를 빼야 하기 때문이었다. 하지만 입주 과외 덕분에 어머니에게 부담을 드리지 않고 대학을 무사히 마칠 수 있었던 점은 감사하게 생각한다. 그럼에도 불구하고 대학생활을 제대로 하지 못한 부분은 큰 아쉬움으로 남는다.

입주 과외로 배운 점도 많다. 우리가 배워야 할 공부는 학교공부만이 다가 아니다. 학교공부가 이론 공부라 하면 입주 과외 생활은 실제 경험공부가 되었다고 볼 수 있다. 우리가 공부하는 목적은 사회생활을 잘 해내기 위함에 있다. 이때 사회생활을 잘 해내려면 자기 분야에 대한 실력도 중요하지만 인간관계도 잘 맺어야 한다. 오늘날 직장생활에 어려움을 겪는 대부분의 사람들이 인간관계의 어려움 때문이라고 말하지 않는가. 그런 점에서 나는 일찍이 입주 과외를 통하여 인간관계를 배웠다고 해도 과언이 아니다. 나에게 입주 과외를 맡긴 가정이 곧 나의 고객이었다. 이런 고객을 어떻게 대해야 하는지 나는 여러 가정을 돌며 배울 수 있었고 이것이 훗날 직장생활과 사업을 할 때 기초적 에너지가 되어 주었다. 또 이것이 얼마나 수지맞는 공부였냐 하면 남들은 돈을 주고 배우는 공부를 나는 돈을 받고 배울 수 있었으니 이보다 수지맞는 일이 어디 있겠는가.

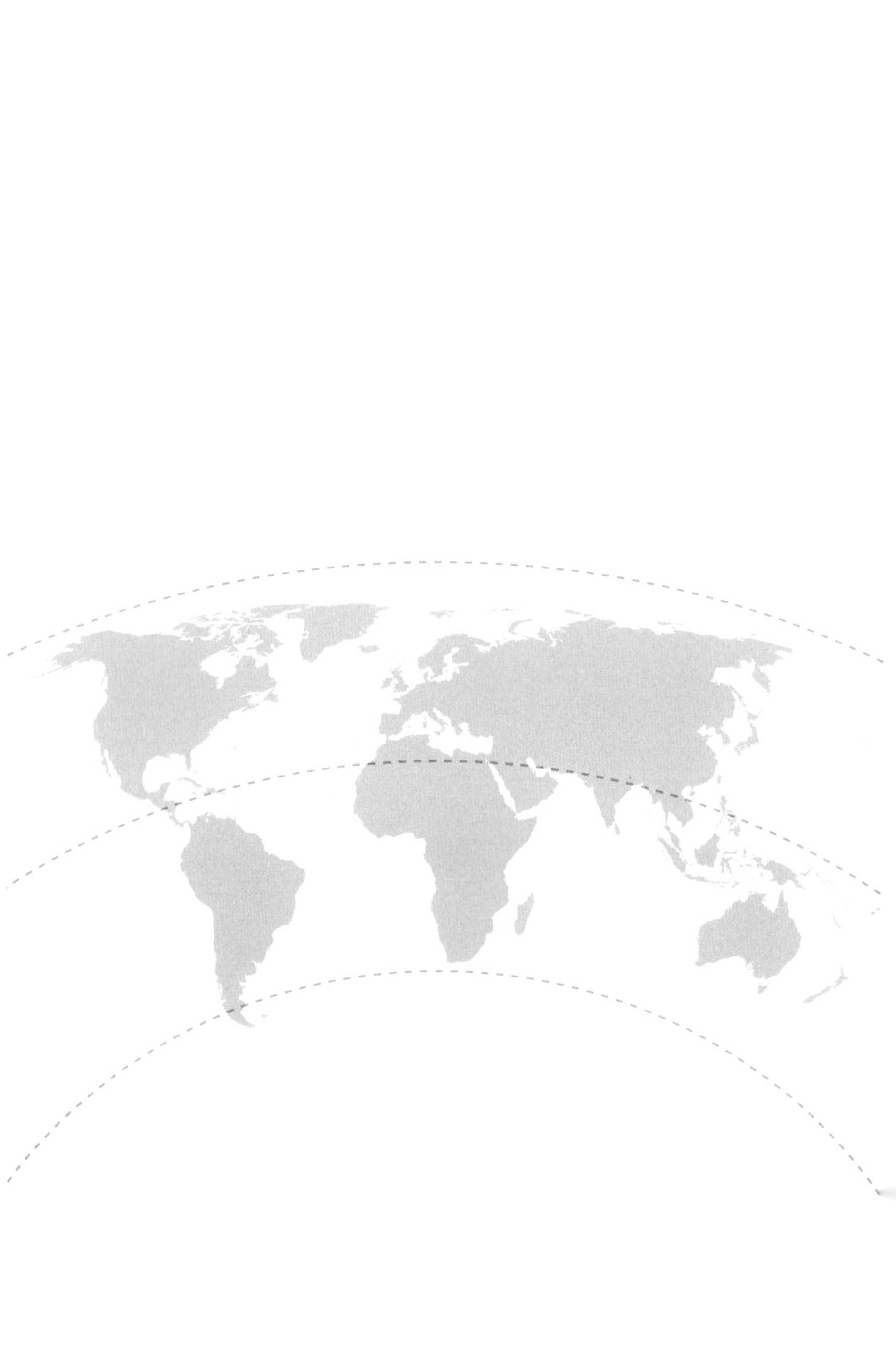

4장

삶에서 배운 사디

사소한

디테일

사소한 디테일 공부

ROTC 지원과 지옥의 훈련

나는 대학생활 중에도 어떻게든 빨리 성공하여 집안을 일으켜야 한다는 생각이 지배적이었다. 그래서 알아본 결과 군대를 ROTC 장교로 가게 되면 군 복무 기간이 2년으로 단축된다는 이야기를 들었다. 당시 일반 병의 경우 군 복무 기간이 3년이었다. 게다가 ROTC 장교로 가게 되면 소위 봉급을 받게 되므로 군생활 동안에도 경제적 지원을 받을 수 있다는 사실에 솔깃했다.

나는 ROTC 학군단에 들어가기로 마음먹고 시험에 응시하여 합격하였다. ROTC 학군단이 되면 3학년, 4학년 때 1년에 한 번씩 8월 한 달 동안 집체훈련을 받아야 하는 제도가 있었다. 입주 과외를 하고 있던 나로서는 한 달의 공백이 크게 부담되었지만 그래도 ROTC 학군단의 메리트를 포기할 수 없었다.

드디어 여름방학이 되고 8월이 되자 나는 ROTC 훈련에 입소하게 되었다. 당시 서울대 ROTC 학군단은 주로 30사단 수색대로 입소하

ROTC 지원과 지옥의 훈련

여 훈련을 받곤 했었다. 당시 나는 대학생 신분으로 아직 군인정신이 뭔지 잘 모를 때였기에 이 훈련을 그저 캠프 가는 정도의 기분으로 참석했다. 그러나 훈련장으로 들어가는 순간부터 예사롭지 않은 분위기를 감지할 수 있었다. 들어가자마자 훈련 교관과 조교들이 우리를 마치 쥐 잡듯 잡기 시작했다. 깜짝 놀란 우리는 그제야 상황이 심상치 않음을 판단하고 정신을 바짝 차려 나가기 시작했다.

8월은 1년 중 가장 더운 달이다. 새벽까지 열대야에 잠을 설쳤는데 새벽 여섯 시가 되니 어김없이 잠을 깨웠다. 그렇게 새벽 여섯 시에 기상해서 밤 열 시까지 한순간도 가만있도록 내버려두지 않았다. 저녁 이후에는 좀 쉬게 해주겠거니 했으나 어김없이 야간훈련이 기다리고 있었다. 한 내무반에 40명씩 생활하게 했고 밤 열 시가 되면 무조건 취침시킨 후 한 시간마다 2명씩 또 보초를 서게 했다. 밤 열 시부터 아침 여섯 시까지 여덟 시간 동안 16명이 돌아가는 방식이어서 이틀이면 보초 근무가 돌아왔다. 새벽에 잠이 깨면 당연히 수면 부족에 시달릴 수밖에 없다. 이러니 잠자는 시간마저 편안하지 않은 훈련 생활이 지속되었다.

게다가 군기 잡는다고 얼마나 굴리던지, 기상해서 한 명만 집합시간에 늦어도 다시 처음부터 반복시키고 식사 때도 마찬가지로 한 명만 식사가 늦어져도 전체에게 기합 주는 것을 반복했다. 그러니 우리 40명은 마치 한 사람이 움직이는 것처럼 일사불란하게 움직이지 않으면 안 되었다. 겨우 40명이 다 통과되면 그때서야 비로소 훈련장으로 이동하여 훈련을 받게 되는데 이때부터가 진짜 지옥훈련이 시작되는 순간이었다.

우리는 살인적인 무더위 속에서 공수훈련이니 야간훈련이니 하는 드센 훈련을 다 거쳐야 했다. 수색대의 공수훈련은 받아보지 않은 사람은 모를 정도로 인간 한계의 끝을 넘어가는 훈련으로 유명하다. 우리는 이런 강도의 훈련을 통하여 낭만에 젖어 있던 대학생에서 완전히 군기로 무장된 군인으로 서서히 변해갈 수 있었다.

나는 이런 지옥의 훈련을 마치고 다시 입주 과외하던 집을 찾았다. 그런데 예상했던 대로 그 자리에는 다른 선생님이 이미 들어와 있었다. 주인아저씨가 미안하다고 했지만 서운함을 감출 수 없었다. 그렇게 쫓기듯 나온 서울 한복판에서 갈 데가 없었다. 그때 서울사범대학교에 다니던 친구가 있었는데 그 친구에게 연락했더니 나올 수 있다고 해 함께 식사하며 한 달 훈련의 회포와 입주 과외 자리를 잃은 설움을 풀어낼 수 있었다.

임관 후 고향집의 절망

드디어 ROTC 교육을 마치고 소위로 임관하게 되었다. 내가 배정받은 곳은 육군통신학교로 나는 이곳에 입교하기 전에 마지막으로 부모님께 인사를 드려야겠다 싶어 군복을 입고 대구로 내려갔다. 당시 우리 집은 아버지의 외상거래 사건과 어머니의 곗돈 사건으로 어려워진 상황을 벗어나지 못하고 있었다. 이 때문에 그전의 쌀가게에서 쫓겨나 대구 남부의 변두리인 봉덕동으로 옮겨간 상태였다. 이마저도 집을 얻은 것이 아니라 공터에다 가건물을 지어서 거기에 부모님이 살고 계셨다. 이곳에 방을 두 칸 만들어 동생들을 키우며 지내고 계셨던 것이다. 어머니는 가족들의 생계를 꾸려나가기 위해 봉덕시장에 나가 장사를 하며 겨우겨우 가족들을 먹여 살리고 계셨다. 나는 이 사실을 지난 방학 때 처음으로 가족들을 보러 내려왔다가 알게 되었다. 그때 장남으로서 이런 가족들의 모습을 볼 때 가슴이 찢어지지 않을 수 없었다. 하루빨리 성공하여 집안을 일으켜 세워야겠다는 마음밖에 없었다.

그리고 군에 가기 전에 다시 내려왔는데 이상한 장면을 보게 되었다. 대구시청에서 나왔다는 사람들이 곡괭이를 들고 어머니 집 옆의 땅을 파고 있는 것이었다. 알고 봤더니 어머니 집이 무허가 건물이라 철거하러 나왔다는 것이다. 그 옆에서 어머니와 동생들은 울고불고 난리가 아니었다. 순간적으로 가슴이 철렁 내려앉고 눈물이 왈칵 쏟아졌다. 세상이 무너져 내리는 느낌이었지만 그 순간 내가 할 수 있는 일이라곤 아무것도 없었다. 나는 마치 머리가 텅 빈 듯 한참 동안 그 장면을 멍하니 바라보고만 있었다. 그리고 눈물을 감추며 아무 말도 하지 않고 돌아서서 그 자리를 떠나버렸다.

그렇게 나는 우리 집이 철거된 줄로만 알고 육군통신학교에 입교하였다. 우리 집의 비통함을 해결하는 길은 내가 빨리 성공하는 길밖에 없다는 생각뿐이었다. 나는 열심히 군생활을 하며 빨리 시간이 지나가기만을 기다리고 있었다. 그렇게 1년여가 지났을 때에야 나는 우리 집 소식을 들을 수가 있었다. 놀랍게도 그때 기적적으로 철거가 되지 않았다는 것이다. 그때 내가 돌아가고 나서 동장이 와서 철거작업을 하던 사람들에게 통사정을 했다고 한다. "이 집 아들이 서울대학교 나왔는데 얼마나 똑똑한지 보릅니더. 한 번만 봐주면 나중에 덕을 볼낍니더." 하며 사정을 하자 철거 작업하던 사람들이 철거하지 않고 그냥 가버렸다는 것이다. 이 소식을 듣고 속으로 얼마나 하늘에 감사했는지 모른다. 생각해보라. 만약 철거되었다면 어머니, 아버지는 어떡

하고 또 그 불쌍한 동생들은 어찌 되었을까. 나는 또다시 눈물을 흘리며 두 주먹을 불끈 쥐어야 했다.

무허가 건물로 당시
철거 대상이었던 고향터.
사진은 2022년 모습

육군통신학교에서의 첫 군생활
사소한 디테일의 원리를 발견한 시간

나는 대전에 위치한 육군통신학교에서 3개월간 교육훈련을 받은 후 이곳 통신학교의 통신장교 교관으로 배치를 받아 본격적인 군생활을 이어가게 되었다.

통신장교 교관도 여러 분야가 있는데 그중 가장 수준 높은 게 레이더 과정 교관이었다. 레이더 과정 교관은 레이더 관련 운전 및 정비를 할 수 있는 통신병을 키워내는 일을 하기에 정교한 전자기술을 필요로 했다. 여기에 전자기술에 수준 높은 지식을 갖고 있는 서울공대 출신들이 이를 맡아줘야 한다며 나와 몇몇 서울공대 출신들이 레이더 교관 임무를 맡게 되었던 것이다.

레이더는 군 장비 중에서도 최고로 어려운 장비 중 하나에 속한다. 지금이야 트랜지스터로 되어 있지만 당시만 해도 수십만 개의 진공관으로 이루어져 있었다. 이 진공관들이 다닥다닥 연결되어 이루고 있는 회로에 전류가 흐르는데 이때 한 개를 대략 파고들었다 해도 전체를 다 알 수는 없는 노릇이었다. 나는 중간중간 과정에서 이어지는 물리적 해석을 다 파악해야 전체를 파악할 수 있고 이것을 또 다른 데 응용할 수 있다는 사실을 깨달을 수 있었다. 그런 점에서 레이더 과정 교관생활이야말로 내 디테일 공부의 진정한 시작점이었다고 할 수 있다.

당시 육군통신학교에는 여러 명의 서울공대 출신들이 함께 배정받아 교육을 받고 있었다. 그리고 교육이 끝난 후에는 각각 다른 곳으로 배정받아 흩어지게 되었으며 이곳 통신학교에는 두세 명이 남았던 것으로 기억난다. 이 두세 명이 함께 레이더 교관 임무를 맡게 된 것이었다.

이 임무를 맡아 하면서 나는 통신병과에서도 최고 과정의 공부를 많이 할 수 있었다. 책도 많이 읽고 관련된 영서와 일서까지 읽을 수 있었다. 이 바람에 전기 관련 책도 읽을 수 있었는데 대학에서도 배우지 못한 지식을 접할 수 있었다. 한번은 소령이 나에게 원서로 된 통신전자사전을 주더니 번역을 해달라고 부탁하였다. 그래서 번역을 해주었는데 연신 칭찬을 해주는 것이 아닌가. 알고 봤더니 여럿에게 이 임무를 맡겼는데 내가 번역한 것이 제일 나아서 칭찬해주었다는 것이다. 그러면서 상으로 천 원을 주었는데 당시 소령 봉급이 10만 원일 때니 그에게 큰돈은 아닐 수도 있었으나 나에겐 매우 큰돈이라 감개무량하지 않을 수 없었다.

진공관들이 다닥다닥 연결되어 이루고 있는 회로에 전류가 흐르는데 이때 한 개를 대략 파고들었다 해도 전체를 다 알 수는 없는 노릇이었다. 나는 중간중간 과정에서 이어지는 물리적 해석을 다 파악해야 전체를 파악할 수 있고 이것을 또 다른 데 응용할 수 있다는 사실을 깨달을 수 있었다. 그런 점에서 레이더 과정 교관생활이야말로 내 디테일 공부의 진정한 시작점이었다고 할 수 있다.

당시 나의 월급이 4,600원일 때니 천 원은 내 월급의 20%가 넘는 돈이었다. 나는 4,600원을 받으면 2,000원을 대구의 바로 아래 여동생에게 보내주었다. 그리고 하숙비로 1,600원을 내야 했는데 당시 장교들은 통신학교 내에서 숙식을 할 수 없는 환경이었다. 그래서 학교 근처에 하숙을 잡아 생활해야 했다. 그렇게 남은 900원으로 생활해야 했는데 나는 이 돈으로 책도 사고 교통비로 쓰기도 했다.

당시 육군통신학교 교장이 투 스타였는데 나를 굉장히 좋아했다. 교장이 우리에게 로켓 발사에 대한 과제를 내었었는데 나름 대학에서 배운 지식을 총동원하고 또 자료도 열심히 조사하여 답변을 제출했는데 그게 마음에 들었던 모양이었다.

이렇게 군생활에서 나는 나름의 능력을 인정받는 경험을 하게 되는데 이것은 그동안 몰랐던 내 안의 능력을 확인하는 순간이어서 특별한 의미로 다가왔다. 이후 통신학교에서 1년의 생활을 끝내고 나는 전방부대로 배치받아 먼 길을 떠나야 했다.

전방 부대 통신대장 하면서 배운 실전 경험

원래 통신학교는 근무기간이 1년이라 나는 마음의 준비는 하고 있었다. 내심 이곳에서 인정받았으므로 사단 사령부에 배치될 줄 알았다. 그런데 내가 배치된 곳은 의외로 최전방 부대의 대대급 단위였다. 처음엔 조금 실망스러웠으나 오히려 잘됐다는 생각이 들었다. 이왕 군생활 하는 것 야전 경험을 해야 제대로 하는 것이란 생각에 오히려 편안한 마음으로 먼 길을 떠날 수 있었다.

내가 배치된 곳은 경기도 연천군 전곡에 있는 8사단 1대대 통신대장 자리였다. 사람들은 이곳이 최전방 부대였기에 훈련도 거의 없고 할 일도 별로 없을 거라 했다. 하지만 처음 대대장을 만난 순간 살벌하다는 느낌이 확 밀려왔다. 신고를 하기 위해 대대장 막사로 들어갔는데 나머지 간부들은 고개도 들지 못한 채 주눅 들어 있었고 대대장은 나를 거들떠보지도 않고 거드름을 피웠다. 아마도 처음부터 기를 잡기 위해 그러는 것 같았다. 알고 보니 이 대대장에게 당한 사람이 한

둘이 아니라며 나에게도 조심하라는 당부가 전해왔다.

그렇게 조심하고 있는데 일주일쯤 지난 어느 날 대대장이 나를 부르더니 앰프가 고장 났으니 고쳐보라고 했다. 나는 점검해보고 고장난 부품 리스트를 작성하여 작전과로 넘겨주겠다고 답변했다. 그리고 부품 리스트를 정리하여 작전과로 넘겨주었는데 그 사이 다시 대대장이 나에게 와서 왜 고쳐놓지 않았냐고 다그치며 소리를 질러댔다. 그제야 상황을 파악한 나는 부대 내에서는 힘드니 나가서 고쳐오겠다고 한 후 서울로 와서 라디오방에 앰프를 맡겼다. 그런데 라디오방에서도 앰프를 제대로 고치지 못해 그것을 다시 그대로 들고 들어가 대대장에게 있는 사실대로 보고하였다. 그제야 대대장이 비웃듯 씩 웃으며 내 등을 두드렸다. 그제야 나는 이 모든 게 대대장이 내 군기를 잡기 위해 벌인 일이란 사실을 알 수 있었다. 서울대 출신에 통신학교 교관을 한 내 이력을 보고 자격지심에 벌인 일이었다.

이후 나는 연대의 원자력 교육에 차출되어 교육을 받게 되었는데 거기서 1등을 하게 되었다. 이것은 곧 대대의 영광이기도 해 대대장에게도 육군대학에서 교육받을 수 있는 기회가 주어졌다. 이 일로 대대장이 바뀌게 되었는데 새로 온 대대장은 나를 매우 좋아하고 신뢰해 주었다. 그렇게 한 달이 지나고 있을 무렵 갑자기 부대가 포천으로 이동하게 되었다. 내 입장에서는 대대장도 바뀌고 또 이동하는 것이 더 잘 됐다는 생각이 들었다. 전방부대에 비해 후방부대는 훈련도 많고 그러면 내 실력을 발휘할 기회가 더 많아질 것이기 때문이었다.

예상대로 포천에서는 훈련이 많아 통신대장의 할 일이 많아졌다. 훈련 때 대대의 통신대장이 해야 할 일은 이동해야 할 장소로 미리 가서 그곳에 통신 시스템을 완벽하게 설치하는 일이었다. 이것은 말로는 간단할 것 같지만 실제 한 중대 병력이 250~300명 규모이다. 대대는 이런 중대 네 개 정도가 모여 구성되므로 무려 천 명이 이동하는 통신시설을 다 책임져야 했다.

훈련이 시작되면 대대장, 중대장, 소대장들이 서로 움직이면서도 긴밀히 연락해야 하기 때문에 이러한 통신에 장애가 없게 하는 것이 쉬운 일은 아니었다. 만약 평소에는 잘 되다가도 한 번만 펑크가 나면 그 길로 통신대장은 영창을 가야 했다. 실제 내 동기 한 명은 이 일로 영창을 다녀오기도 했다.

훈련 명령이 떨어지면 일단 훈련 지도를 잘 살펴야 한다. 1대대 본부는 어디고 1중대, 2중대, 3중대, 본부중대의 위치는 어딘지 실제 지형지물과 비교하여 잘 파악해야 한다. 사실 정확하게 지형을 판단할 줄 아는 것이 무엇보다 중요하다. 지도만 보고 실제 지형에 가보면 차이가 날 때가 한두 번이 아니기 때문이다. 지도에는 봉우리가 하나밖에 없는데 실제 가보면 무려 네 개까지 있는 경우도 있었다. 지형 파악만으로 현장에 대한 파악이 끝나는 게 아니다. 여기에 기상 상황까지 고려해야 한다. 이 모든 파악이 끝나면 이제 거기에 맞춰 유선통신망을 쫙 깔아줘야 한다. 그리고 훈련이 끝나고 철수할 때도 통신팀의 역할이 중요하다. 훈련부대가 다 떠나고 난 후 최후 철수와 함께 통신팀은 신속하게 통신시설을 완벽하게 철수해낼 수 있어야 하기 때문이다.

나는 이런 실전교육에 대해 내 아래 30여 명이나 되는 사병들에게 일일이 가르쳐주었다. 그리고 가르치는 것으로 그치지 않고 만전에 대비하기 위해 반드시 실제 그 일을 수행해낼 수 있는지 확인 작업도 거쳤다. 덕분에 내가 맡은 통신병들은 이 임무를 훌륭히 완수해낼 수 있었고 우리 부대는 한 번도 사고 난 적 없이 훈련을 마칠 수 있었다. 이로 인해 나는 많은 이들로부터 통신대장으로서 능력을 인정받는 기쁨을 누릴 수 있었다.

아무리 실력이 좋아도 하늘이 도와주지 않으면 사고가 나게 마련이다. 그 많은 통신병들 중 한 명만 잘못해도 사고로 이어질 수 있다. 그럼에도 내가 맡은 부대가 임무를 완벽히 수행할 수 있었던 것은 우리 능력에 더하여 하늘의 운도 작용한 까닭이라고 생각한다. 그래서 나는 이때부터 하늘에 감사하는 마음도 갖게 되었다.

이후 나는 1963년 3월에 입대한 지 정확히 2년 후인 1965년 3월에 전역하여 다시 세상으로 나오게 된다. 내 군생활은 2년에 불과했지만 돌아보면 정말 파란만장한 사건의 연속이었다는 생각이 든다. 여러 복잡한 일도 많이 겪었지만 배운 것도 정말 많았던 유익한 시간이었다. 대부분의 군대를 다녀온 남자들이 그렇겠지만 나의 군생활 또한 평생 잊지 못할 소중한 경험이 아닐 수 없다.

사회 초년생 한 달의 혹독한 경험

사회에 나오자마자 제일 먼저 달려간 곳은 학교였다. 이제 취직을 해야 하므로 정보를 얻기 위해서였다. 그런데 대학교수가 하는 말이 "우리 동문 선배가 하는 회사가 있는데 거기 가서 한 달만 좀 도와주지."라는 것이 아닌가. 대학교수의 부탁이기도 해 거절할 수 없어 그렇게 하겠다고 답했다. 그렇게 나는 3월 30일에 제대했는데도 바로 4월 1일부터 첫 직장 근무를 시작하게 되었다.

그 회사는 담배 은박지를 제조하는 공장이었다. 내가 가니까 전기 주임이라는 사람과 몇 명의 근무자가 더 있었는데 나를 무척이나 경계하는 눈치였다. 사장이 처음 나에게 원했던 것은 담배 은박지 보조지 건조장치가 고장 났으니 이 기계를 좀 봐달라는 것이었다. 나는 이론적 공부만 했지 실제 기계는 처음 보는 것이라 다시 책을 보고 공부해가며 겨우 기계를 고칠 수 있었다.

그렇게 열흘쯤 지났을까, 이번에는 400평의 공장에 시설되어 있는 자동시설 설비를 봐달라는 임무가 떨어졌다. 자동시설 설비를 살펴보니 수십 종의 기계장치와 전기장치, 모터 등으로 구성되어 이것들이 서로 맞물려 자동으로 돌아가게 되어 있었다. 그런데 이 기계 설치가 잘못되어 모두 정상보다 위로 떠 있는 상태였다. 처음 기계를 설치하는 사람들이 잘못해서 생긴 문제였다. 그래서 전기주임이라는 사람과 직원들이 이걸 모두 철거하고 다시 설치하려 하고 있던 상황이었다. 그런데 갑자기 서울공대 출신의 내가 나타났으니 이곳 사람들은 내가 자기들 밥그릇을 빼앗으러 왔다고 생각하고 그런 경계의 태도를 보였던 것이었다.

그렇게 기계 보수공사를 진행하고 있던 중에 전기가 단전되는 일이 발생했다. 그런데 입사한 지 열흘밖에 안 된 나더러 전기를 고쳐보라는 것이 아닌가. 전기를 고치기 위해서는 전주를 타고 올라가 전기장치를 살피는 작업을 수행해야 했다. 나는 배전반실 차단기 열쇠를 달라 하고 전주로 오르는 계단을 타기 시작했다. 불과 1분여의 시간밖에 안 걸린 순간이었지만 그 계단을 오르며 온갖 생각이 다 떠올랐다. '내가 이것 하려고 서울공대 나왔나' 하는 자책이 나를 괴롭혔다. 그렇게 전주에 올라갔더니 바닥이 시커먼 게 두려움이 확 밀려왔다. 혹시 잘못해서 감전이라도 된다면 여기서 내 인생이 끝날 수도 있겠다는 생각이 들자 겁이 나 몸이 떨리기도 했다. 하지만 다시 정신을 차리고 고장 난 곳을 살폈다. 끊어진 곳을 발견하여 끼우고 다 고친 후 다시 전주를 내려왔다. 그리고 배전반실의 차단기를 켜고 나서야 안도의 한숨을 쉴 수 있었다. 불과 10분밖에 안 걸린 시간 동안 나는 지옥과 천국으로 오간 경험을 하였던 것이다.

다시 변전소로 가 스위치를 올렸더니 다시 기계가 쫙 돌아갔다. 그때 내가 맛본 성취감은 이루 말로 표현할 수 없을 정도였다. 만약 내가 서울공대 나온 사람인데 이 일을 못하겠다고 버텼다면 맛볼 수 없는 그런 쾌감이었다.

여기서 일이 끝난 게 아니었다. 공무부장이 이번에는 나더러 복잡하게 얽힌 컨트롤 케이블 연결하는 일을 시켰다. 나는 이 복잡한 케이블을 어떻게 연결할 수 있을까, 골똘히 생각하다가 갑자기 방법이 탁 떠올라 케이블 연결하는 일도 어렵지 않게 해낼 수 있었다. 공무부장은 그런 방법도 있구나 하며 감탄하는 눈치였다. 그리고 나머지 하나 안 풀리는 문제가 있었는데 그것마저 방법을 찾아내어 해결해줌으로써 나는 할 수 있다는 자신감을 얻을 수 있었다.

비록 4월 한 달의 경험이었지만 나는 많은 것을 배울 수 있었다. 공장 사람들의 경계를 통해 세상이 만만치 않다는 것을 배웠으며 어떤 어려운 일도 정신을 차리고 달려들면 해낼 수 있다는 자신감을 얻을 수 있었다. 나에겐 본격적인 일을 하기에 앞서 무척이나 소중한 한 달의 경험이었다.

삶의 경험이 집대성하여 나타난 사디 공부의 깨달음

4월 한 달 동안 그 공장 일을 도우면서 나는 유공 시험을 준비하였다. 당시 유공은 국내 최고의 석유공사 공기업으로 서울공대생에게도 선망의 대상이었던 직장이었다. 내가 은박지 제조공장에 근무하고 있던 때(4월 중) 신문에 유공 신입사원 모집 공고가 났다는 소문이 돌았다. 다행히 입사시험이 토요일에 있어 시간이 겹치지 않는 상태에서 시험을 보러 갈 수 있었다. 시험장에 도착한 나는 깜짝 놀라지 않을 수 없었다. 우리 서울공대 출신들이 다수 시험을 보러 와 있었기 때문이었다. 대학 선배들도 와 있었고 이미 다른 직장에 다니고 있던 사람들도 와 있었다. 이 쟁쟁한 경쟁 상대들을 제치고 이제 갓 군 제대하고 온 내가 합격할 수 있을까라는 생각에 갑자기 자신감이 훅 떨어졌다. 그러나 이왕 온 거 시험에는 최선을 다해 임하자는 생각으로 시험을 치렀다.

놀랍게도 결과는 합격이었다. 당시 우리 전기과는 20명이 와서 나 한 명 합격했고 기계과도 20명 중 1명, 토목과도 40명 중 2명, 화공과도 40명 중에 2명이 합격할 정도로 서울공대 사이에서도 높은 경쟁률을 보였다. 나는 지금도 순전히 운이 좋아 그때 합격할 수 있었다고 생각하고 있다.

유공에 합격한 기쁨은 이루 말로 표현할 수 없을 정도였다. 이제 유공에서 받는 보수만으로도 집안을 도울 여력이 생겼기 때문이었다. 그동안 장남으로서 늘 어려운 집안을 도와야 한다는 부담감에 사로잡혀 살아왔는데 이제야 조금이나마 자유로울 수 있을 것 같았다. 이 소식을 제일 먼저 부모님께 알렸더니 그리 기뻐하실 수 없었다. 비로소 효도하는 것 같아 내 기분도 하늘을 날을 것 같았다.

그렇게 나는 1965년 5월부터 유공에 입사하여 일을 시작하게 되었다. 3월에 제대하여 4월 한 달 은박지 공장에서 일하고 5월부터 직장생활이 시작되었으니 단 하나의 공백도 없이 내 인생이 이어지고 있는 셈이었다.

내가 배치된 곳은 유공 본사 기술부였다. 당시 유공은 석유를 수입하여 정제하는 공장을 운영하고 있었는데 이와 관련된 기술을 총괄 담당하는 일을 하는 부서였다. 그런데 처음 일을 시작하면서부터 그동안 내 경험과는 사뭇 다른 분위기를 느낄 수 있었다. 알고 보니 유

정해진 일만 하는 군대 시스템에 젖어 있던 나로서는
선진 시스템을 도입하여 자율적으로 일하도록 하는 유공의 회사 문화가
다소 당황스러웠다. 일을 스스로 찾아서 자율적으로 해내야 하니
또다시 공부하지 않고서는 버틸 수가 없었다. 결과적으로 이와 같은
자율적 시스템 덕분에 나는 일을 더 많이 배울 수 있었다.

공은 선진 시스템을 도입하여 자율적으로 일하도록 하는 회사 문화가 형성되어 있던 곳이었다. 정해진 일만 하는 군대 시스템에 젖어 있던 나로서는 다소 당황스러운 분위기였다. 이 때문에 나는 한동안 무슨 일을 해야 할지 몰라 헤매야 했다. 일을 스스로 찾아서 자율적으로 해내야 하니 또다시 공부하지 않고서는 버틸 수가 없었다. 결과적으로 이와 같은 자율적 시스템 덕분에 나는 일을 더 많이 배울 수 있었다.

부장급, 이사급 일을 하는 사원

사디 공부의 성과

유공의 자율적 시스템은 나의 창의성을 발현하는 데 큰 도움이 되었다. 유공에 들어와 보니 위의 상사들이 전부 서울공대 선배들이었다. 그런데 어느 누구도 나에게 어떤 일을 하라고 지정해주는 이가 없었다. 처음에는 어떤 일을 해야 할지 몰라 당황하여 선배 과장에게 물어보기도 하고 울산 현장에 전화를 걸어보기도 했으나 뾰족한 대답을 해주는 이가 없었다. 이에 나는 스스로 일을 찾아서 해야겠다고 마음먹고 일단 회사의 전체 공장 도면부터 검토하기 시작했다. 이 선택이 적중했다. 전체 도면을 보니 내가 무슨 일을 해야겠다는 게 감으로 느껴졌던 것이다.

석유화학 공장 기술과 관련하여 내가 생각했던 일을 해내기 위해서는 그에 맞는 공부를 다시 하는 수밖에 없었다. 학교에서 배운 지식만으로는 부족했기 때문이었다. 이를 위해 나는 밖에 나가 영서, 일서를 사서 보기도 하며 연구에 연구를 거듭했다. 이렇게 지식으로 무장한 후 그것을 실제 현장 일에 적용하였는데 처음에는 시행착오가 있었으나 이후로는 일이 착착 진행되어 나갔다.

이런 내 모습을 보고 회사의 간부들이 놀랐고, 또 협력업체 사장들도 내가 한 일을 보고 보통이 아니라면서 칭찬해주었다. 그러나 정작 회사 내에서는 이런 보고가 위에 올라갔는데도 불구하고 가타부타 한마디가 없었다. 그럼에도 불구하고 나는 내 일을 꾸준히 해나갔다.

해가 바뀌기도 전에 나는 놀라운 일을 해내었다. 이제 입사한 지 1년도 안 된 직원이 내년도 회사 전체의 사업계획도를 만들어낸 것이다. 그 사업계획도에는 회사 전체적으로는 어떤 일을 해야 하고 울산공장 시설에는 어떤 증설계획을 세워야 하는 등 내년도 계획이 다 담겨 있었다.

이런 계획을 짤 때 중요한 것이 디테일이다. 구체적으로 각각의 공장기계는 어떻게 해야 하고 각각의 전기시설을 어떻게 해야 하는 등의 내용까지 다 포함시켰다. 그리고 무엇보다 중요한 것이 이런 계획에 얼마의 예산이 들어가는가이다. 나는 세부적 예산까지 다 뽑아 사업계획서를 완성하였다.

여기서 끝난 게 아니다. 아무리 좋은 사업계획서라도 실현되지 않으면 종잇장에 불과하다. 나는 이 사업계획서를 어떻게 실현시킬 수 있을지에 대한 집행계획까지 만들어두었다. 내가 이처럼 철저히 계획

유공에서 설계 작업의 모습

을 짠 것은 사업계획서가 이사회에 올라가면 반드시 이 사업을 어떻게 진행시킬지 질문이 들어올 것이기 때문이었다. 이렇게 철저히 준비한 사업계획서는 이사회의 승인을 받게 되었고 나는 이듬해 이 사업을 책임지고 진행하게 되었다. 입사 2년 차가 부장급, 이사급 일을 하는 순간이었다.

일을 진행하면서 중요한 것이 예산의 집행이다. 만약 일을 진행하는데 예산이 모자라도 문제고 남아도 문제다. 예산을 딱 맞추는 것이 가장 중요한 포인트다. 이에 나는 계약 단계에서는 얼마의 예산이 들어가고 진행 단계에서는 얼마의 예산이 들어가는 등 디테일한 예산

계획을 짜두었다. 그리고 미리 짜둔 집행계획대로 일을 진행하여 차질 없이 일을 마무리하는 데 성공했다. 이를 위해 당시 교통이 열악한 데도 불구하고 나는 일주일에 한 번씩 울산 현장을 다녀오기도 했다. 요즘에야 KTX와 비행기가 생겨 울산 당일치기가 가능하지만 당시는 1박 2일이 걸려야 다녀올 수 있던 환경이었다. 당시는 울산으로 바로 가는 교통편이 없어 대구까지 기차로 가서 버스 타고 경주로, 경주에서 다시 울산으로 가야 하는 코스였다. 그렇게 일을 보고 나면 늦은 밤이 되므로 울산에서 하룻밤 자고 왔던 교통편 그대로 다시 서울로 올라가야 했다.

나는 이런 노력 끝에 무려 2년 8개월 만에 과장으로 승진하는 기쁨을 누릴 수 있었다. 이는 입사동기 중 가장 빠른 승진이었다. 동기들이 모두 부러워하며 축하해 주었고 포스코에 입사했던 학교 동기도 전화가 와 어떻게 그리 빨리 승진할 수 있었는지 비결을 묻기도 했다.

그때 당시 나는 그 질문에 대한 답을 주지 못했다. 하지만 그로부터 50년도 더 지난 지금 나는 정확히 그 비결을 말해줄 수 있게 되었다. 그 비결이 바로 '디테일'이다. 돌이켜보면 나는 일본에서 태어나 자랄 때부터 초·중·고 과정을 거치고 대학과 군대 생활을 거치는 동안 디테일 공부를 했던 것이다. 그리고 그 디테일 공부의 첫 성과가 나타난 현장이 바로 유공의 사업계획서에서였다.

그때 내가 만들어낸 유공의 사업계획도를 보면 먼저 회사 전체의

세미나를 마치고
유공에서 동료들과

도면을 보는 것에서부터 시작했다. 어떤 일이든 시작은 전체에서 출발해야 한다. 전체를 봐야 어느 부분이 잘 되어 있고 어느 부분에 문제가 있는 게 보이기 때문이다. 전체는 유기적으로 연결되어야 잘 흘러가게 마련인데 한 가지라도 꼬인 부분이 있을 경우 문제가 생기게 된다. 이때 꼬이는 부분은 왜 나타나게 될까? 그것은 내가 은박지 공장에서 일을 할 때 공장 기계 시스템이 망가진 것에서 답을 찾을 수 있다. 디테일하게 준비하지 못하고 엉성하게 준비했기에 나타났던 결과였던 것이다. 그때도 나는 사소한 디테일에서 문제점을 발견하였고 결국 문제를 해결할 수 있었다.

마찬가지로 나는 유공의 사업계획서를 짤 때 매우 디테일한 부분까지 빼먹지 않고 채워 넣었다. 물론 이때의 디테일은 단지 탁상공론으로 만들어낸 디테일이 아니라 실제 현장 상황까지 추가한 디테일이었다.

어떤 일이든 시작은 전체에서 출발해야 한다.
전체를 봐야 어느 부분이 잘 되어 있고 어느 부분에 문제가 있는 게
보이기 때문이다. 전체는 유기적으로 연결되어야 잘 흘러가게
마련인데 한 가지라도 꼬인 부분이 있을 경우 문제가 생기게 된다.
디테일하게 준비하지 못하고 엉성하게 준비했기에
나타났던 결과다.

어떤 사업계획서가 있을 때 척 보면 성공유무를 알아낼 수 있다. 얼마나 디테일하게 계획이 짜였는지를 보면 알 수 있기 때문이다. 이렇게 전체적 사업계획서에 디테일까지 포함되어 있으니 이제 그 사업계획서대로 일을 진행하기만 하면 실패할 확률은 거의 없어지고 마는 것이다. 이것이 내가 2년 8개월 만에 초고속으로 과장 승진한 최고의 비결이다.

사디 공부가 자신감과 실력을 부른다

당시 유공에는 나와 같이 입사한 서울공대 동기들과 선배들도 있었다. 그들은 내가 제일 먼저 승진하자 자기들은 나 때문에 발령이 안 난다며 투덜대기도 했다. 그래서 나는 그들에게도 기회를 주고자 일을 맡겼는데 "아이구 우리는 이 일을 하기 힘들다."라는 답변이 되돌아오곤 했다. 그때 나는 그들을 잘 이해하지 못했다. 내가 생각하기에는 충분히 해낼 수 있는 머리를 가진 사람들인데 왜 일을 못 해낼까, 하며 항상 고개를 갸우뚱했었다.

일을 맡겼을 때 일을 해내지 못하는 사람들은 대부분 나는 할 수 없다는 생각에 사로잡힌 특징이 있다는 것을 발견했다. 그리고 그 생각의 근원에는 실력 부족이 숨어 있다는 사실을 간파해냈다. 왜 실력이 부족할까? 그건 공부하지 않고 노력하지 않기 때문이다. 자신의 부족한 부분이 발견되면 그걸 채울 수 있도록 공부하고 노력해야 한다. 그런데 해보지도 않고 지레 포기해버리고 마는 것이다. 이런 사람들에게서 발전과 성장을 기대할 수는 없다.

내가 입사했을 때 나더러 갑자기 도면을 그려보라고 한 일이 있었다. 나는 학교에서는 한 번도 도면을 그려본 적이 없어 난감한 상황이었다. 하지만 포기하지 않고 도면에 대한 공부를 하여 도면을 그려내는 데 성공했다.

사소한 디테일의 시작은 포기하지 않고 끝까지 해보려고 시도하는 데 있다. 내가 할 수 없는 것을 하기 위해서는 공부를 해야 하며 그 공부를 통하여 나는 내가 할 수 없었던 일에 대한 사소한 디테일을 발견하게 된다. 이 사소한 디테일을 발견하는 순간 나는 할 수 있다는 자신감을 갖게 되며 결국 그 일을 해낼 수 있게 되는 것이다. 그리고 이 과정들이 쌓이고 쌓여 내 실력으로 발전하게 된다. 결국 모든 인간의 약점과 실력 부족은 사소한 디테일을 알지 못해 벌어지는 일임을 명심해야 한다.

최고의 사디 공부 장소는 현장

내가 과장으로 승진하고 나자 제일 먼저 나타난 사람들의 반응은 "이제 울산 내려가지 않아도 되니 좋겠다."였다. 하지만 엔지니어는 사무실보다는 현장에서 더 많이 배울 수 있는 법이다. 그때 나는 사무실을 떠나 현장에서 근무하고픈 욕구가 있었다.

당연히 일은 실력이 있는 사람이 맡아서 해야 하고 또 비용은 최소로 들어야 회사에 이익이 된다는 생각에 변함이 없었다. 이런 생각이 잘 적용되는 곳이 그나마 현장이었고 또 엔지니어로서 실력을 키우는 데는 사무실보다 현장이 더 적합하다는 생각을 하고 있었다. 그때 마침 울산에서 중요한 공장 건설 공사가 진행되고 있던 때였는데 나에게 울산 현장근무에 대한 제안이 들어왔다. 나는 큰 고민 없이 현장근무를 선택하게 되었다.

내가 처음 유공에 들어갔을 때 생산량이 1만 2천5백 배럴이었는데 내가 들어가고 나니까 두 배인 2만 5천 배럴로 늘어났다. 그리고

내가 현장에서 배운 디테일은 훗날 일성을 세우는 밑거름이 되었다.
나는 현장 공부를 통하여 이런 디테일한 지식들을 습득할 수 있었고
이것이 나의 기술 수준을 올리는 데 큰 역할을 하게 되었다.
엔지니어로서 실력을 키우는 데는 사무실보다 현장이 더 적합하다.

뒤이어 5만 배럴, 10만 배럴 등으로 유공은 수직 상승의 성장가도를 걷고 있었다.

생산능력이 증가한다는 것은 곧 생산시설이 커진다는 것과 같으므로 유공은 생산시설을 확장하기 위한 공장을 짓는 공사를 계속적으로 해야 하는 상황에 놓여 있었다. 이와 관련하여 내가 했던 일은 이 석유제품을 생산하기 위한 부대시설을 전부 지어주는 것이었다. 크게는 전기 관련 시설과 토목 관련 시설, 기계 관련 시설로 나눌 수 있는데 그중 나는 전기계장 관련 시설을 담당하였다.

당시 유공 본사가 명동과 충무로 사이에 있던 한일빌딩에 있었는데 당시 영화에도 나올 정도로 서울에서는 유명한 빌딩이었다. 점심시간이 되면 근처 중국집이었던 동해루, 명동칼국수 등에서 맛있게 먹었던 기억이 난다. 이곳에서 나는 과장으로 승진할 때까지 2년 8개월을 근무하였다. 그렇게 정이 들 법도 하지만 나는 과감히 울산행을 선택하여 이곳을 떠나게 되었다. 현장이야말로 최고의 디테일 공부를 할 수 있는 곳이라는 생각을 하면서!

내가 현장에서 배운 디테일은 훗날 일성을 세우는 밑거름이 되었다. 사실 사무실에 근무하면서 공장 시설물에 대한 관리만 할 때는 공장 기계에 대한 디테일한 내용은 알 길이 없다. 하지만 현장 근무를 하면서 기계와 금속에 대한 디테일한 공부를 하지 않을 수 없었다. 이때 참 많은 관련 서적을 공부하고 원서를 보기도 하였다. 기계도 사람처럼 나이를 먹으면 노화가 되는 등 변동 상황이 생긴다. 사람이 병이 생겼을 때 그대로 두면 병이 커지듯이 기계도 마찬가지였다. 그에 따른 품질검사 등은 달라질 수밖에 없다. 나는 현장 공부를 통하여 이런 디테일한 지식들을 습득할 수 있었고 이것이 나의 기술 수준을 올리는 데 큰 역할을 하게 되었다.

해상 원유 송유관 부설 감독 및 장거리 육상 송유관 운영

당시 울산에서는 석유화학 공장을 계속적으로 확장하는 공사가 진행되고 있었다. 나는 그 건설공사 관련 총 관리 감독하는 일을 맡게 되었다. 이제 스물아홉 살에 불과한 청년이 시공업체인 현대건설, 한국기계 등과 같은 대기업을 상대하고 또 대부분 나보다 나이가 많은 현장소장들을 관리 감독하며 일을 진행해 나간다는 게 쉽지는 않은 일이었다.

이런 부담감을 가지고 현장에 도착했을 때 예상대로 쉽지 않은 분위기가 감지되고 있었다. 석유화학 공장에서 중요한 것이 대형 유조선으로 들어오는 석유를 공급받는 시설을 만드는 부분이다. 그런데 대형 유조선은 워낙 무겁고 규모가 크기에 해안에서 2,500미터 떨어진 곳까지밖에 들어올 수 없다. 따라서 그곳에서부터 육지까지 연결되는 배관 공사가 필수적이다. 나는 이 공사를 진행하면서 큰 애를 먹어야 했다. 이게 간단해 보여도 무려 1년 이상이나 걸릴 정도로 난도가 높은 공사였다. 당시 송유관 부설 선박의 배관 공사를 할 때 용접을 이용하면 힘들지 않게 진행할 수 있었는데 조금 싸게 한다고 바다에서 육지까지 당기는 식으로 작업을 진행하였다. 그런데 이게 100미터, 200미터는 괜찮은데 1,000미터, 2,000미터를 당겨야 하니 무게가 너무 무거워 잘 당겨오지 않았다. 이 때문에 공사가 늦어져 나는 가슴을 졸여야 했다. 이 때문에 나는 당시 아침 6시에 나가 밤 12시에 일을 마칠 만큼 온 신경을 쏟아 일을 진행해야 했었다.

이런 노력 끝에 다행히 공사를 성공적으로 마칠 수 있었지만 지금 생각해봐도 가슴이 철렁한 순간들이었다. 나의 첫 현장근무는 이렇게 파란만장하게 이어져 갔다. 이후 현장근무 2년을 마치고 다시 서울 본사근무를 하는 등 변동이 있었는데 1972년 장거리 송유관 공사 프로젝트가 나왔을 때 나는 다시 현장근무 지원을 하였다. 장거리 송유관 공사란 울산에서 대구-왜관-대전-서울을 거쳐 의정부까지 이어지는 송유관을 건설하는 대형 공사 프로젝트였다.

당시 장거리 송유관 공사 지원 사무실이 대구에 있어 나는 그곳으로 근무처를 이동하게 되었다. 대구 송유관 공사 지원 사무실은 미 8군 운영본부인 유류 보급창PDSK과 함께 전체 송유관 공사의 컨트롤타워 같은 역할을 하는 곳이었다. 당시 장거리 송유관은 크게 2개 라인이 진행되고 있었는데 울산에서 대구를 거쳐 왜관-대전-서울-의정부로 가는 게 있었고, 포항에서 대구를 거쳐 왜관-대전-서울-의정부로 가는 게 있었다.

그런데 송유관 공사에서 가장 중요한 기술은 정제한 석유제품을 섞이지 않게 목적지까지 이동하도록 하는 것이다. 정제된 석유제품은 고급 휘발유, 보통 휘발유, 등유, 경유 등으로 분리된 채 송유관 속으로 들어가게 된다. 그리고 압력을 가하면 분리된 채로 목적지까지 이동하게 되는데 이때 경계 부분에서 약간씩 섞이는 현상이 일어난다. 이렇게 섞인 부분을 걷어내어 다시 분리하는 과정을 거쳐야 하는데 이 모든 컨트롤을 대구 송유관 사무소에서 해내고 있었다. 그때 내가 유공 대표로 와서 미 8군 유류 보급창 본부와 함께 이 모든 계획을 짜고 수립하는 일을 했던 것이다.

나는 이 송유관 프로젝트를 성공적으로 수행하기 위해 처음으로 한 달간 미국 출장을 다녀오기도 했었다. 당시 선진국의 송유관을 견학하면서 많은 것을 배울 수 있었고, 이것이 우리나라의 장거리 송유관 프로젝트를 성공적으로 수행하는 데 큰 도움이 된 것이 사실이다.

요즘 사람들더러 사무실 근무와 현장 근무 중 선택하라면 아마 열이면 열 다 사무실 근무를 선택할 것이다. 특히 엘리트 출신이라면 당연히 사무실 근무를 택할 것은 두말할 나위 없다. 하지만 나는 이와는 반대의 길을 걸어왔다. 그것은 사무실보다 현장에 더 디테일한 답이 있다고 믿었기 때문이었다. 결과적으로 내가 세계적으로 인정받을 수 있었던 비결이 이 선택 때문이었다고 생각한다. 그렇다고 사무실 근무를 무조건 비하하는 것은 아니다. 나도 사무실 근무 또한 충분히 경험했던 사람이다. 하지만 사무실은 아무래도 현장을 모르는 단점이 있다. 사무실은 전체를 지휘하는 곳이고 현장은 그야말로 야전에서 싸워야 하는 곳이다. 그런데 지휘하는 사람이 야전의 상태를 잘 알지도 못하면서 지휘하면 어떤 일이 벌어지겠는가. 만약 야전의 상황에 맞지 않는 명령을 내려 야전의 병사들이 죽는 일이 발생한다면 그 책임은 누가 져야 하겠는가.

내가 이런 이야기를 하는 이유는 다시 한 번 전체와 디테일을 강조하기 위함이다. 사무실에서는 현장의 디테일한 상황까지는 알 수 없다. 따라서 내가 사무실에 근무하게 되었다 하더라도 꼭 현장을 나가보기 바란다. 그래야 디테일을 배울 수 있기 때문이다. 예를 들어 만약 당신이 영업부에 있다면 영업 사무실에서만 영업할 생각을 버리고 실제 영업 현장을 나가 현장에 대한 공부를 한 후 영업에 임해야 한다는 이야기다. 그때 디테일을 더 많이 알게 되므로 당신의 영업은 더 많은 성과를 낼 수 있게 될 것이다.

회사의 변동과 닥쳐온 선택의 갈등

대한민국이 박정희 대통령의 서거와 신군부의 등장으로 격동의 시간을 보내고 있던 1980년, 내가 근무하고 있던 유공에도 격변의 바람이 불었다. 제2차 석유파동 등의 영향으로 유공에 50%의 지분을 갖고 있던 걸프Gulf사가 1980년 8월 지분 전체를 매각하기로 결정한 것이다. 이에 위기의식을 느꼈는지 정부는 유공을 민영화하기로 결정한다. 대한민국 정부의 대표적 공기업이었던 유공의 운명이 갈림길에 놓인 것이다.

당시 유공은 연간 매출이 4조 원(당시 기준)이었고 1년에 4천억 원씩 순이익을 남기던 우량기업이었다. 그러니 유공 인수전에 우리나라의 대표적 기업인 삼성과 현대 등이 뛰어들 것은 당연지사였다. 그런데 놀랍게도 당시 기업순위 10위권 정도에 불과했던 선경(현 SK)이 유공을 인수하는 일이 벌어진다. 이때 선경은 유공을 인수하는 바람에 우리나라 대표적 대기업으로 떠오르게 된다. 그때 유공의 내부 사정

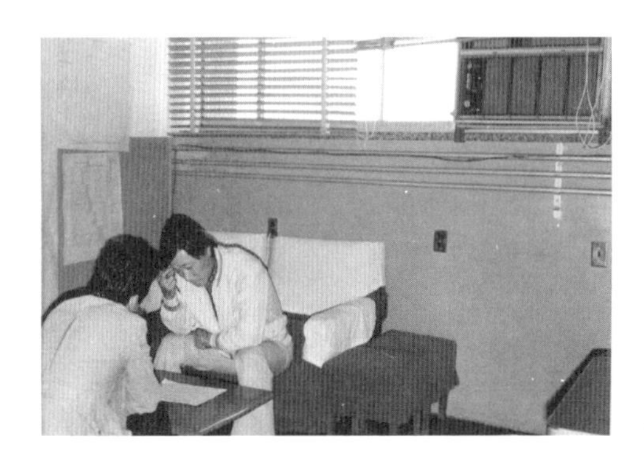

유공 사무실에서

을 잘 알고 있었던 나는 국내 대표 공기업인 유공이 선경에게 넘어가는 상황을 지켜보면서 안타까운 마음을 금할 수 없었다.

선경의 경영진들이 유공에 들어와 경영권을 지배하는 상황이 벌어졌다. 당시 나는 부장의 직급에 있었기에 참담한 심정을 가눌 수 없었다. 이대로 선경 경영진들 아래에서 일할 것인가, 아니면 다른 길을 선택할 것인가.

사실 나는 입사 초부터 언젠가 나만의 무대를 만들어 사업을 펼치고 싶다는 꿈을 가지고 있었다. 그래서 차곡차곡 준비해오고 있었는데 어려운 집안까지 같이 돌보다 보니 이 계획이 자꾸 뒤로 미뤄지고 있던 상황이었다. 그런데 갑자기 이런 일이 터지자 이때야말로 나의 꿈을 펼쳐보라는 하늘의 뜻이라는 생각이 강하게 들었다.

하지만 모아놓은 돈도 없고 나이도 이미 40대 중반을 향해가고 있

회사의 변동과 닥쳐온
선택의 갈등

는 점이 마음에 걸렸다. 그러나 한 번 작정한 마음은 이미 되돌릴 수 없는 방향을 향하고 있었다. 나는 이미 루비콘 강을 건너고 있었던 것이다. 비록 돈도 없고 나이도 많지만 나에겐 꿈과 실력이 있었다. 유공에서 배운 기술과 실력을 잘 활용한다면 나가서도 충분히 잘 할 수 있다는 자신감이 있었다. 특히 나에게는 현장 근무를 통하여 익힌 디테일한 경험과 노하우가 있었고 무엇이든 할 수 있다는 신념과 불타는 의지가 있었다.

유공의 공장시설을 전부 합하면 이백만 평이 넘는다. 나는 이 방대한 시설에 대한 감독과 관리를 경험한 사람이다. 그때 나는 사소한 디테일의 기술을 익혔을 뿐 아니라 사람을 잘 볼 수 있는 능력과 사람들을 잘 이끌어줄 수 있는 능력도 키웠다. 사실 보통 사람들은 이 능력들이 얼마나 중요한지 모른다.

이런 능력이 있는 사람이 사업을 진행할 때는 보통 사람이라면

유공의 공장시설을 전부 합하면 이백만 평이 넘는다.
나는 이 방대한 시설에 대한 감독과 관리를 경험한 사람이다.
그때 나는 사소한 디테일의 기술을 익혔을 뿐 아니라
사람을 잘 볼 수 있는 능력과 사람들을 잘 이끌어줄 수 있는 능력도
키웠다. 이런 능력이 있는 사람이 사업을 진행할 때는 보통 사람이라면
10% 정도의 이윤을 낼 수 있는 일에 30%나 낼 수 있다는 사실을
나는 잘 알고 있었다.

10% 정도의 이윤을 낼 수 있는 일에 30%나 낼 수 있다는 사실을 나는 잘 알고 있었다. 나는 이 능력을 갖고 있기에 독립하더라도 무조건 성공할 수 있다는 생각이 들었고, 나의 이 생각은 결국 적중하고야 만다.

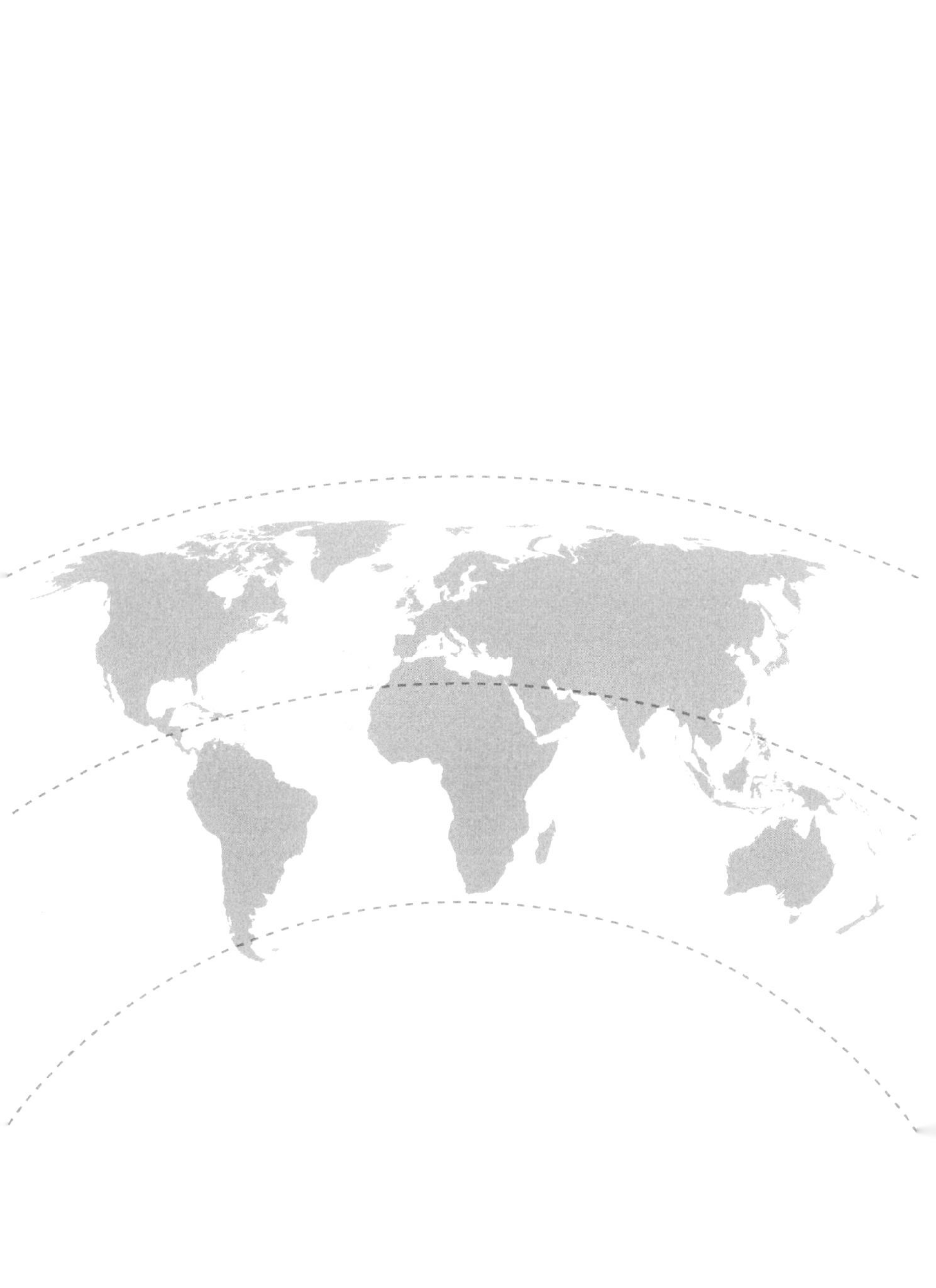

5장

사소한 디테일로 키운 신념과 신뢰

위기는 신념을 키우는 절호의 기회

실력이 할 수 있다는 신념을 만든다

사람들은 나에게 "무엇이든 된다는 믿음이 있는 것 같다."라는 이야기를 자주 해온다. 자기들이 볼 때는 도저히 불가능한 일인데도 포기하지 않고 어떻게든 방법을 만들고 사람들을 만나서 풀어나가는 능력이 대단하다는 것이다. 나는 이런 이야기를 듣고 나서야 나에게 그런 면이 있구나, 하고 생각할 때가 많다. 나로서는 거의 무의식적으로 해오던 방식이므로 잘 느끼지 못한 상태에서 그렇게 행동할 경우가 많다는 이야기다.

신념을 만든 시작은 사디에서

언제부터 나에게 이런 면이 생겼을까, 곰곰이 되짚어보았다. 태어날 때부터 내가 이런 면을 갖게 된 것은 분명 아니었다. 살아오면서 나 역시 불가능하다고 생각된 것은 포기할 때도 많았다. 그러다 나 스스로 지식과 실력이 쌓이면서 점점 포기하는 경우가 줄어들게 되었음을 발견할 수 있었다. 그리고 이러한 지식과 실력의 밑바탕에는 사디가 있었다.

첫번째 비결 : 혼자서 해결하는 경험

먼저는 어려웠던 가정환경이 도리어 나를 더 단단히 만드는 데 도움을 준 것 같고 입주 과외 생활을 하며 어렵게 보낸 대학시절도 어려움을 이겨내는 힘을 길러주었던 것 같다. 무엇보다 군에서 배운 지식과 경험들은 나의 내면을 한층 키워주었다는 생각이 든다.

그런데 이러한 내 삶을 돌아보면서 할 수 있다는 신념은 그 누구의 도움도 없이 오롯이 혼자 어떤 문제를 해결하는 성취감을 자주 맛볼수록 더 강해진다는 사실을 발견하게 되었다.

만약 일본에서 돌아오는 배에서 그 계단을 4살 나이밖에 되지 않았으나 혼자의 힘으로 오르는 경험을 하지 않았다면, 사회 초년생 시절 그 전주의 위험한 계단을 나 혼자의 힘으로 오르는 경험을 하지 않았다면 남들과 그리 다르지 않았을지도 모른다. 나 역시 난제에 부딪쳤을 때 이겨나갈 힘이 없었을 것이다.

그러나 나는 죽음을 무릅쓰고 배의 계단을 한 계단 한 계단 올라갔다. 나는 그렇게 스스로의 힘으로 난제를 이겨내는 경험을 남들보다 많이 했다. 그것이 무엇이든 할 수 있다는 신념을 만들어낸 첫째 비결이 아닐까 싶다.

두번째 비결 : 실력을 키우라

놀라운 것은, 이러한 스스로의 성공 경험이 축적되었을 때 나타나는 결과이다. 이러한 경험들이 축적되면 이제 그것은 실력으로 발전하게 된다. 만약 여기에 내가 강조하는 디테일의 힘까지 첨가된다면 그 실력은 높은 수준의 실력으로 발전할 수 있다. 이런 수준의 실력이 있는 상태에서 어떤 난제를 만난들 해결하려 들지 않겠는가.

하지만 이런 실력에 오르지 않은 사람들에게 난제는 넘기 불가능한 벽으로 보일 수밖에 없다.《성경》에 "구하라 그러면 구할 것이요 찾으라 그러면 찾을 것이요 두드리라 그러면 열릴 것이다"란 말씀이 있다. 이 말씀대로 실천한다면 누구나 실력자가 될 수 있다고 생각한다. 실력이 없기 때문에 나는 안 된다는 자조 섞인 말이 습관처럼 튀어나오는 것이다. 만약 당신이 나도 할 수 있다는 신념을 갖고 싶다면 먼저 실력을 키우라는 권고를 하고 싶다.

세번째 비결 : 도전의 자세를 가져라

실력을 키우기 위해서는 포기하던 습관을 버리고 어떤 일이든 나에게 주어졌다면 일단 도전해보려는 자세를 가져야 한다. 도전하지 않으면 아무 일도 일어나지 않고 도전해야 뭔가의 일이 일어날 수 있기 때문이다. 그리고 그 뭔가의 일이 나의 지식과 경험으로 쌓이고 쌓여야 그것이 실력으로 발전할 수 있다는 사실도 알아야 한다.

네번째 비결 : 디테일 공부를 해라

그리고 더 높은 실력을 키우고 싶다면 이때부터는 디테일 공부를 해야 한다. 예를 들어 당신이 전화로 영업하고 있다면 그것은 10%의 소통밖에 이뤄낼 수 없다. 실제 사람을 만나야 그 사람의 눈빛, 표정에서 읽을 수 있는 것도 얻어낼 수 있다는 이야기다.

한번은 일성에 세금이 과도하게 나온 적이 있었는데, 우리는 세밀하고도 디테일한 연구 끝에 합리적인 예외 규정을 찾아내게 되었다. 해당 지역 공무원들과 논의를 하였더니 그 공무원들은 깜짝 놀라며 어떻게 이런 규정까지 알아내었냐고 하면서 대단하다고 감탄했다. 이렇게 세금을 대폭 줄일 수 있었다.

과거에 우리 직원들이 중국에 물건을 만들어 보냈다가 공항 심사대에서 문제가 생겨 통과하지 못하는 일이 있었다. 이 문제를 해결하기 위해 먼저 북경北京, 베이징으로 우리 직원들을 보내 접촉을 시켰는데 그들은 막무가내로 우리 직원들의 말을 들어주지도 않았다.

이에 내가 직접 가서 서투른 중국말로 교섭한 결과 중국의 최고 책임자와 면담하게 되었다. 그와 이야기를 나누면서 나는 우리 직원들과의 면담에서 약간의 차이가 있다는 사실을 감지하였다. 대화가 이루어지는 가운데 나는 그와 좋은 관계가 가능하다는 느낌이 왔다. 마침 성씨도 같은 장씨여서 더욱 반갑다고 하니 분위기가 매우 좋아졌다. 그때 미리 가지고 갔던 선물을 주었더니 기쁘게 선물을 받아주었다. 이후 식사도 같이 하고 노래방도 같이 가면서 그의 기분이 풀어져 결국 이 문제를 해결할 수 있게 되었다.

이처럼 사람은 서로 만날 때 말하는 표정이 읽혀지면서 진실도 전달되고 문제도 풀 수 있는 법이다. 만나야 사디를 알 수 있기 때문이다.

위기는 신념을 키우는 절호의 기회

많고 적음의 차이는 있겠지만, 세상에 어떤 사람도 위기가 없는 경우는 없다. 원래 굴곡진 길을 걷는 게 인생이다. 오르막이 있다면 내리막도 있다. 문제는 오르막을 걸을 때와 내리막을 걸을 때의 우리 태도에 내재해 있다.

위기가 닥쳐올 때 사람들의 반응은 두 가지로 갈라진다. 위기의 노예가 되어 벌벌 떨며 나락으로 떨어지는 사람과 위기를 발전의 기회로 삼아 더욱 성장하는 사람이 그것이다. 선택은 내 손에 달려 있다. 내가 노예의 손을 내밀면 나는 나락으로 떨어지는 것이고 발전의 손을 내밀면 나는 위기를 통하여 더욱 성장하게 되는 것이다.

내가 위기에 대해 이런 말을 자신 있게 할 수 있는 것은 오늘날 내가 가진 할 수 있다는 신념이 바로 이 위기와 관련이 있기 때문이다. 내 인생에도 수많은 위기가 있었다. 아마도 어린 시절 일본에서 돌아오던 배의 계단을 오를 때가 내 인생의 첫 번째 위기라 할 수 있을 것

내 인생에는 몇 번의 위기가 더 찾아오게 된다.
그런데 놀랍게도 그때마다 나는 위기를 피하지 않고 정면으로 도전하여
극복하게 된다. 나는 이 힘의 근원이 첫 번째 위기를
극복한 힘에서 찾을 수 있다고 생각한다. 처음 한 번 위기를 극복한
경험이 다음 위기를 극복할 힘으로 전달되는 것이다.

이다. 그때 나는 바다에 떨어져 죽을 수도 있겠다는 위기감을 느꼈다. 아마 그 위기가 너무 두려워 피하고 싶었다면 그때 계단을 포기하고 부모님의 품에 뛰어들었을 것이다. 하지만 나는 죽음을 무릅쓰고 그 계단을 한 계단, 한 계단 올랐다. 그것은 위기를 피하지 않고 맞닥뜨렸기 때문에 가능한 행동이었다. 덕분에 나는 더 강한 아이로 거듭날 수 있었다. 죽을 위기도 이겨냈는데 못할 것이 없다는 생각이 들었다. 이것이 위기를 이겨냈을 때 보상으로 받을 수 있는 성장의 열매다.

이후로도 내 인생에는 몇 번의 위기가 더 찾아오게 된다. 그런데 놀랍게도 그때마다 나는 위기를 피하지 않고 정면으로 도전하여 극복하게 된다. 물론 그 결과로 나의 내면이 더욱 강하게 되었음은 두말할 필요가 없다.

나는 이 힘의 근원이 첫 번째 위기를 극복한 힘에서 찾을 수 있다고 생각한다. 처음 한 번 위기를 극복한 경험이 다음 위기를 극복할 힘으로 전달되는 것이다. 이렇게 위기를 극복하는 경험이 쌓이고 쌓이게 될 때 이제 나에겐 무엇이든 할 수 있다는 신념이 만들어지게 된다. 큰 문제를 극복했기 때문에 이제 나머지 작은 문제는 문제처럼 보이지 않아 어떤 일이든 해결할 수 있다는 마음이 생기기 때문이다.

할 수 있다는 신념을 갖는 것은 인생을 자신감으로 활기차게 살아갈 수 있게 해주기 때문에 중요하다. 대부분의 사람들은 어떤 난제가 닥쳐오면 희망을 잃고 넘어져버린다. 이렇게 해서 인생은 점점 나락으로 떨어져버리는 것이다. 하지만 할 수 있다는 신념이 있다면 어떤 난제가 닥쳐오더라도 넘어지지 않고 다시 일어설 수 있게 된다. 이런 사람이야말로 정말 인생을 성공적으로 살고 있다고 해야 하지 않겠는가.

갑자기 찾아온 질병의 위기

신앙으로 극복

나는 젊었을 때부터 테니스 등의 운동을 좋아했고 특히 등산을 좋아해 건강에는 자신이 있었다. 유공 시절에는 매일 새벽 6시에 일어나자마자 근처 산으로 가 30~40분 정도를 오른 후 내려올 때는 뛰어서 내려와 차를 타고 사택으로 돌아와서 샤워하고 밥 먹고 출근하곤 했다. 이렇게 건강에는 자신 있던 나였는데 장거리 송유관 운영책임자로 대구에 있을 때인 30대 중반에 돌연 예상 못한 질병에 걸려 고생한 적이 있었다.

처음에 나는 감기몸살인 줄 알았다. 병원에 갔는데 괜찮을 거라면서 약을 주었다. 그런데 약을 먹어도 열이 오르락내리락하는 게 기분이 매우 안 좋았다. 그때 종합병원 과장이 술을 좀 마시면 괜찮아질 거란 이야기를 해서 보드카를 맥주잔에 부어 스트레이트로 마셨는데

결혼식 사진

사랑하는 아내와 큰아들

도 열은 오르면 올랐지 내리지 않았다.

목요일부터 금요일까지 일이 있어 병원에도 가지 못한 채 끙끙 앓고 있다가 토요일이 되어서야 마침 고교 동기가 동네에서 운영하는 내과가 있어 거기로 갔다. 동기 의사는 나를 보더니 깜짝 놀라며 당장 입원시켰다. 그리고 검사를 해야 한다며 식사를 굶기고 이런저런 검사를 해댔다. 나는 거기서 하루 이틀을 보내면서 상태가 심상치 않음을 간파하고 큰 병원으로 가야겠다고 생각하고 있었다. 그런데 그냥 큰 병원으로 간다고 하면 친구가 기분 나빠할까 봐 말을 못한 채 친구가 먼저 말해주기를 기다리고 있었다. 그런데 이 친구도 나에게 아무런 말도 하지 않는 것이 아닌가. 그러면서 나는 더 이상 참지 못하고 친구에게 화를 폭발하고 말았다. 그리고 당장 큰 병원으로 가겠다며 큰소리를 치기도 했다.

식사시간이 되어 마침 어머니가 맑은 죽과 배추된장국을 해온 것이 있어 그걸 먹었다. 환자가 먹기에 좋은 아주 부드러운 음식이었음에도 화를 낸 후라 그런지 갑자기 속이 쓰리고 배추 이파리가 장을 긁는 느낌이 들었다. 그리고 극심한 통증이 일어나 도저히 참을 수 없어 급히 택시를 잡아타고 대구동산병원으로 향했다.

그때 장출혈이 되었는지 아래로 혈변이 마구 쏟아졌다. 그리고 동산병원에 입원했는데 계속하여 혈변이 쏟아져 나왔다. 의사는 이것저것 검사를 해보더니 아직 원인을 모르겠다며 열흘을 기다려봐야 알 수 있다는 답을 내놓았다. 만약 열흘 뒤에도 계속해서 피가 나오면 그때는 장을 수술해야 한다는 것이었다. 그때 나는 드디어 내 몸에도 칼을 대는구나 싶어 서글픈 마음이 피어올랐다.

이윽고 열흘이 지났을 때 다행히 피가 멎어 수술은 하지 않아도 된다는 판정이 내려졌다. 그렇다고 내 병이 나은 것은 아니었다. 그때 내 몸무게가 평소 65킬로그램이던 것이 7킬로그램이나 빠져 해골이 따로 없어 보였다.

그렇게 병원에서 입원생활을 계속 이어가고 있는데 교회에서 기도해준다며 병실을 방문하였다. 나는 비신자였으나 혹시 기도라도 받으면 좋겠다 싶어 기도를 받았다. 그랬더니 다음에는 기도원에서 원장이라는 사람이 내가 있는 병실을 방문하여 기도를 해주고 갔다. 그런데 기도를 받을 때마다 이상하게 마음이 평온해지고 병이 나을 수 있다는 자신감도 생기는 것을 느꼈다. 그렇게 기도원 원장이 한 보름 가까이 병원을 방문하여 나를 위해 기도해주고 갔다.

이에 아내가 감동하였는지 그때부터 그 기도원에 직접 가서 기도도 하고 설교도 듣기 시작했다. 나도 퇴원한 후 그 기도원에 가서 아예 숙식을 하며 계속적으로 기도를 받았다. 그리고 놀랍게도 나는 병이 나으며 완치판정을 받게 되었다. 병원에서도 낫게 하지 못한 병을 기도로 낫게 되었다. 이때 나와 아내는 큰 감동을 받고 기독교인이 되기로 결심하게 된다.

갑작스런 9·11 테러 사건으로 맞은 위기

나는 그동안 국내외시장 동향을 파악하여 거기에 따른 과감한 시설투자와 공장 확장을 통하여 회사를 키워왔다. 그때마다 내 예상은 적중했으며 공장의 크기만큼 수주 물량은 넘쳐났다. 이처럼 시장상황에 대비하여 미리 사업계획을 세워서 실행하면 원가 경쟁력 확보는 물론이고 이를 통하여 신규 제품 진입도 가능하게 해주는 효과를 얻어 회사를 성장시킬 수 있다.

1990년대 말이 되자 미국 발전소 관련 플랜트 시장이 활성화된다는 정보가 들어왔다. 이것이 제법 큰 시장임을 판단한 나는 미국 시장에 기대를 걸고 무려 200억 원을 들여 1만 8천 평 규모의 공장을 증축하였다. 그리고 예상대로 일성은 미국 시장으로부터 상당 규모의 플랜트 수주를 받게 되었다.

그때가 2001년경이었는데 이게 무슨 일일까, 미국에서 9·11 테러라는 초유의 사태가 벌어지고 만 것이다. 이것은 미국뿐만 아니라 전 세계를 경악에 빠트리는 엄청난 사건이 아닐 수 없었다. 이 사건으로 무려 3,130명의 사람들이 목숨을 잃었는데 이는 진주만 공습의 사망자 2,330명보다도 800명이 더 많은 수치였다. 이 사태는 즉시 경제에 영향을 미쳐 증시가 폭락하고 미국의 3분기 국내총생산GDP도 마이너스 성장을 기록하였다. 전 세계 교역규모도 전년도에 비해 줄어들게 하였다. 아니나 다를까, 미국의 대기업이었던 엔론Enron의 부도까지 터져 상황은 걷잡을 수 없는 사태로까지 이어지게 되었다.

상황이 이렇다 보니 일성도 안심할 수 없는 처지에 놓였다. 예상대로 얼마 지나지 않아 일성에도 미국 발전소 관련 플랜트 수주 물량이 50%가량 취소되는 일이 벌어졌다. 나로서는 날벼락이 따로 없었다. 미국 시장에 기대를 걸고 확장한 공장인데 이걸 그냥 놀릴 수밖에 없는 상황에 놓인 것이다. 그때 나는 미국에서 난 손실을 메우기 위해 더욱 열심히 전 세계를 돌며 수주를 따러 다녔다. 하지만 워낙 미국의 손실이 커서 이를 커버하기에는 역부족이었다. 이때 설비투자와 땅 구입비 등을 감안하여 손해를 계산해보았더니 3년간 무려 100억 원에 달했다.

나는 한 곳에 손실이 나면 그것을 극복하기 위해 다른 곳을 더 열심히 뛰어다니는 습성이 있었다. 이때 나는 좌절하거나 포기하지 않고 새로운 시장을 개척하기 위해 전 세계를 대상으로 열심히 뛰어다녔다. 하늘은 노력을 배신하지 않는 법이다.

그 결과 나는 베네수엘라 등 새로운 시장을 개척하여 어려움을 극복할 수 있었다. 미국 사태로 인하여 비록 손실을 보긴 했으나 일성으로서는 오히려 이 위기가 더 단단해질 수 있는 소중한 경험으로 다가왔다.

브라질 국영기업 계약서를 찢어버리다

2003년경에 브라질 국영 석유회사인 페트로브라스Petrobras와 프로젝트를 진행한 적이 있었다. 그런데 작업이 50%까지 진행되었는데 돈이 안 들어오는 것이 아닌가. 이걸 그냥 두면 일이 커지겠다 싶어 큰아들(현 일성하이스코 대표)에게 상황을 알아보고 오라고 지시했다.

그렇게 큰아들이 브라질로 날아가 "돈이 안 들어왔는데 이거 어떡합니까?" 하고 다그쳤다. 그랬더니 "미안합니다. 곧 드리겠습니다."며 큰아들을 구슬렸다. 큰아들은 그 말을 철석같이 믿고 그대로 다시 돌아왔는데 아무리 기다려도 돈이 들어오지 않는 것이 아닌가. 이에 큰아들이 다시 브라질로 날아가 "돈 준다 그래놓고 왜 안 줍니까?"라며 다시 다그쳤다. 그랬더니 이번에도 "미안합니다. 이번에는 꼭 드릴게요."라고 말해 다시 약속 어기지 않겠다는 확약을 받고 돌아왔다. 그런데도 또 돈이 안 들어온 것이다.

두 번이나 약속을 어기자 화가 난 큰아들은 이번에도 그대로 가면 당하겠다 싶어 수를 썼다. 50% 작업에 대한 대금을 즉시 지급해야 하는 조항을 담은 새로운 계약서를 하나 만든 것이다. 사실 이전 계약서에는 대금 지급 조건이 두루뭉술하게 되어 있는 상태였다. 큰아들은 이 새 계약서를 들고 세 번째 브라질로 날아갔다. 그리고 이전 계약서를 들고 "작업이 50% 이상 진행됐는데 돈이 전혀 안 들어오는 상황에서 이 계약서가 무슨 의미가 있느냐."면서 상대방이 보는 자리에서 계약서를 확 찢어버렸다. 그러자 브라질 담당자들의 얼굴이 사색이 되었다. "우리는 계약을 계속 진행할 건데 왜 그러세요."라며 큰아들을 말렸으나 큰아들은 지지 않고 "약속도 안 지키는데 무슨 계약서가 의미가 있겠습니까, 약속 지키라고 계약하는 거 아닙니까?"라며 항변했다. 그랬더니, 브라질 담당자가 고개를 푹 숙이고 꿀 먹은 벙어리가 되었다. 입이 열 개라도 할 말이 없는 상황이었기 때문이었다. 그때 큰아들이 "그럼 좋습니다. 내가 여기 새 계약서를 준비해 놨으니까 여기 사인하세요. 지금 당장 50%를 지급하고 나머지 50%는 30%, 20%로 나눠서 지급하는 조건입니다."라며 새 계약서를 디밀었다. 그러자 브라질 담당자는 꼼짝 못하고 새 계약서에 사인을 했다. 그리고 한국으로 돌아왔는데 이번에는 50%의 돈이 입금되어 있었다. 큰아들의 작전이 완전히 성공한 것이었다.

그런데 문제가 또 발생했다. 납품을 할 때쯤 되었는데 30% 들어와야 할 돈이 또 들어오지 않은 것이다. 30%도 결제하지 않으면 납품 끝나고 20%도 문제가 될 것 같다는 생각이 들어 큰아들은 다시 브라질로 날아갔다. 그러면서 "또 왜 이러십니까, 계속 이렇게 하시면 우리가 어떻게 할지 모릅니다." 하고 엄포를 놓았다. 그러자 브라질 담당자는 입버릇처럼 "곧 지급하겠습니다."라고 해 큰아들은 속는 셈치고 다시 한국으로 돌아왔다. 예상대로 돈은 들어오지 않았다. 큰아들은 이번에도 지난번과 같은 작전을 펼쳤다. 새 계약서를 만들어가지고 날아가 지난번 사인한 계약서를 그가 보는 앞에서 또 찢어버렸다. 이번에도 브라질 담당자가 크게 당황하였고 큰아들은 새로운 계약서를 들이대면서 여기 사인하라고 다그쳤다. 이 새 계약서에는 '브라질 측이 100% 잔금을 다 지급한 후에 일성이 물건을 실어주는 조건과 브라질 측이 약속을 어기는 바람에 발생한 비용(항공료와 대금 지연으로 인한 일성의 재무적 비용 등)이 몇십만 불 되는데 이는 납품 후에 지급하는 조건이 담겨 있었다. 이에 브라질 담당자는 눈물을 머금고 새 계약서에 사인하였다. 그렇게 일성은 100% 잔금을 받고 물건을 실어주었다. 이제 남은 건 브라질 측이 약속을 어기는 바람에 발생한 비용을 받는 부분이었는데 브라질 측이 조금만 깎아달라고 해 그건 허락해주었다. 그렇게 위기에 빠질 뻔한 페트로브라스 프로젝트는 큰아들의 공으로 인해 성공적으로 끝낼 수 있었다.

미국 기업 납품대금 미납사건

위기를 기회로!

2000년대 초반쯤 납품대금 미납과 관련된 사건이 미국과의 거래에서 또 터졌다. 그나마 브라질 건은 납품 전에 미리 조치를 하여 해결할 수 있었는데 이건 돈을 받지 않은 상태에서 납품을 해버려 더 큰 문제가 되었다. 사실 그때 우리 직원이 돈 받고 보내줘야 하지 않겠냐며 나에게 위험성을 경고했는데 나는 신용장에 사인 다 한 거니 보내줘도 괜찮다며 납품을 지시했다. 여기에는 나름 이유가 있었는데 내가 미국 출장 중에 있을 때 그 미국 회사의 수석 부장으로부터 연락이 온 적이 있었다. 그때 그 사람이 나를 좀 만났으면 좋겠다고 해 시카고 공항에서 만나게 되었다. 그 사람이 하는 말이 먼저 물건을 보내주면 안 되겠냐는 것이었다. 일반적으로는 먼저 대금을 입금하고 물건을 보내주는데 그 사람이 아주 젠틀하고 믿을 만한 사람이어서 나는

2005년 12월 26일
산업은행 울산 준공 기념식

그를 믿고 먼저 물건을 보내주었던 것이다.

그런데 이게 웬일인가, 납품한 지 꽤 기일이 지났는데도 대금이 들어오지 않는 것이다. 깜짝 놀라 사정을 알아보았더니 그 미국 회사가 적자가 누적되어 위기에 빠져 있다는 것이 아닌가. 그때 물린 돈이 28억 원 정도지금으로 환산하면 300억 원가 되었다. 당시 돈으로는 꽤 큰돈이었고 일성이 타격을 입을 만한 금액이었다. 사람들은 당장 소송을 걸라고 했으나 소송을 걸면 시간만 가고 그 사이 일성이 위기에 빠질 수도 있다는 생각이 들어 망설였다.

아마도 그때 내 멘탈이 가장 무너졌던 시기였던 것 같다. 이 일을 겪고 있던 중에 나는 캄보디아 수력발전 쪽에 일이 있어 비행기를 탔는데 진짜 비행기에서 뛰어내릴 수만 있다면 뛰어내렸으면 좋겠다는 비관적인 생각까지 할 정도였다.

하지만 다시 정신을 차리고 문제를 해결하기 위한 행동에 착수

산업은행 울산지점 개축 기념식수. 2023년 3월 6일에 촬영

했다. 한참 잘 나갈 때 사둔 울산 북구 호계동 쪽에 공장부지로 사둔 1,000평 땅, 그리고 바닷가에 공장 지을 꿈을 꾸며 사둔 4만 평 땅을 모두 처분하여 이 문제를 해결하였다.

위기 뒤에 기회가 온다고 했던가, 이 일 이후 일성에 좋은 기회가 찾아오게 된다. 일성이 대외적으로 해외 수출에 앞장서고 평이 좋았기 때문에 산업은행에서 우리에게 기술 투자를 하겠다고 연락이 온 것이다. 이때 산업은행을 주주로 넣어주는 조건으로 시설 투자 150억 원을 지원받았다. 그렇게 해서 일성은 당시 미리 사두었던 1만 8천 평 규모에 달하는 공장부지에 공장을 짓게 되었고 동시에 수주가 막 들어오기 시작했다.

그때 얼마나 수주가 밀려 들어왔는지 1년도 안 되어 현재 공장도 비좁다는 이야기가 이곳저곳에서 들릴 정도였다. 나는 상황을 정확히 파악하기 위해 한 달 동안 매일 새벽에 출근하여 공장 상황을 살폈다. 정말 엄청난 물량이 들어와 공장이 비좁은 상태였다. 이 상태로는 별도로 자재를 갖다 놓을 자리도 없고 외부에 부지를 빌릴 경우 불필요한 경비가 나갈 게 뻔했다.

그때부터 나는 다시 공장을 알아보러 다녔다. 그리고 현재 있는 공장 바로 옆에 2만 2천 평 부지의 공장이 나와 있는 것을 알아내었다. 비록 이미 1년 전 타인과 계약되어 있긴 했지만, 공장이 떨어져 있는 것보다 붙어 있으면 비용을 훨씬 절감할 수 있다는 생각에 포기하지 않고 달려들었다. 이건 하늘이 준 기회라는 생각이 들었다. 이 공장을 사기 위해서는 170억 원의 자금이 필요했다. 이번에는 우리은행의 지원을 받기 위해 우리은행 본부장에게 연락을 돌렸는데 가능하다는 답변이 왔다. 그런데 며칠 후 공장부지 매도인 측에서 20일 내에 대금 지불이 안 되면 공장부지를 매도할 수 없다는 연락이 왔다. 나는 급한 마음에 우리은행 측에 문의를 하니 결재가 나기 위해서는 20일 내에 이사회를 열어야 가능하다고 했다. 나는 이사회가 빨리 열릴 수 있도록 서울 쪽 관계자와 접촉하였는데 다행히 30분 후에 가능하다는 답변이 왔다. 그리고 이사회 승인이 빠르게 나면서 그 공장을 바로 계약할 수 있게 되었다. 그때 얼마나 하나님께 감사했는지 모른다. 한 달 동안이나 공장을 구하려고 애를 먹었는데 진짜 하나님이 도와주셔서 현재 공장 바로 옆에 우리에게 꼭 필요한 공장을 주셨다는 생각이 들었기 때문이었다.

키코 사건과 10년 만의 흑자 전환

내가 대외적으로는 올해의 무역인 상을 수상하고 금탑산업훈장을 받고 있던 2009~2010년 무렵 사실 일성은 내부적으로 매우 힘든 상황을 겪고 있었다. 당시 '키코'라는 금융 파생상품이 있었는데 나도 모르는 사이 우리 직원이 이 상품에 가입한 것이었다.

키코란 환율을 기초로 만들어진 금융파생상품으로 환율이 일정 범위 안에서 변동할 경우에는 미리 약정한 환율에 약정금액을 팔 수 있는 금융상품이었다. 우리 일성같이 환율에 큰 영향을 받는 수출기업들이 이 상품에 가입하면 환율변동 위험을 방지할 수 있다는 소문이나 많이 가입했던 것 같다. 일성 역시 이러한 시류에 별 의심 없이 이 상품에 가입하게 되었다.

그런데 나중에 알고 보니 키코 약정 조항에 환율이 정해진 구간을 벗어날 때 큰 손실을 볼 수 있다는 내용이 있었던 것이다. 구체적으로 키코는 환율이 하락하면 일정 범위 내에서만 수출기업이 제한된 이득을 볼 수 있고 일정 범위를 벗어나면 계약이 자동으로 해지되는 구조로 되어 있었다. 반대로 환율이 상승하면 수출업체는 무제한적인 손해를 입도록 설계되어 있었던 것이다.

2008년이 어느 때인가, 글로벌 금융위기로 환율이 급상승하던 시기가 아니던가. 처음 가입할 때 이 약정 조항에 대한 이야기를 신중하게 들었어야 했는데 여기에서 실수가 발생했다. 결국 키코는 고위험 외환파생상품이었기 때문에 2008년 당시 가입한 수출기업들은 큰 손실을 보게 되었다.

당연히 일성도 키코로 인해 큰 손실을 보게 되었다. 일성은 환율 변동 위험을 방지하고자 2007년부터 2008년까지 2억 1,150만 불에 해당하는 키코 상품을 계약했었다. 그러나 계약 후 얼마 지나지 않아 환율이 급등하면서 2011년까지 1,000억 원 가량의 손실을 입게 되었다. 이후 이자로 인한 손실액은 천문학적 금액으로 불어나게 되었다.

게다가 글로벌 산업경기의 둔화로 인해 모든 기업들이 힘들어지자 일성은 어쩔 수 없이 국내사로부터는 저가 수주를 하게 되고 이로 인한 손실로 대외신인도가 크게 하락하여 해외 수주에도 차질을 빚으므로 자금유동성 부족 사태까지 맞게 된다. 나는 이를 타개하기 위해 투자자로부터 투자금을 유치하는 노력까지 하였으나 도저히 자금유동성을 막을 수가 없었다. 결국 2012년 일성은 부도가 나고 기업회생절차법정관리에 들어가게 되었다. 이후 기업회생절차에서 연합자산관리

유암코의 투자로 지배권이 넘어가게 된다.

당시 글로벌 금융위기로 모든 회사들이 어려운 시기였지만 일성은 수출 2억 불을 달성하여 금탑산업훈장을 받고 매출 1조 원을 바라보는 등 승승장구하고 있던 기업이었다. 만약 키코라는 상품을 만나지 않았다면 오히려 환율 급등으로 회사는 큰 이익을 얻을 수 있던 상황이었다. 그런데 키코의 피해로 인해 이 모든 꿈은 물거품이 되고 말았던 것이다.

만약 내가 사적 이익을 추구하다가 이런 사태가 발생했다면 얼마든지 죄를 달게 받을 수 있다. 하지만 당시 나와 일성은 금탑산업훈장까지 받을 정도로 대한민국의 수출에 크게 이바지하고 있던 상황이었는데도 이런 참극을 맞았기 때문에 안타까움을 금할 수 없었다. 그때 조금만 조심하고 신중했더라면 이런 일은 겪지 않았을 것이었다.

키코 사태로 피해를 입은 기업은 일성뿐만이 아니었다. 키코에 가입했던 700여 개의 중소·중견기업들이 큰 손해를 보면서 대부분 파산하게 되었다. 총 피해규모도 3조 2천억 원에 달했다. 이 정도라면 국가적으로도 영향을 끼칠 만한 수준이었다. 이에 나는 피해기업들끼리 연합한 키코 공대위키코공동대책위원회를 결성하여 활동하기도 했다. 키코 공대위는 2012년 민사소송에서 첫 승리를 거두게 된다. 그리고 키코 사태가 벌어진 지 11년 만인 2019년 금융감독원으로부터 은행의 책임을 물어 "피해기업 4곳에 255억 원을 지급하라."는 금융

분쟁조정결정을 얻어내게 된다. 이때 네 곳의 기업 안에 일성이 포함되어 있었다.

이후 일성은 2012년 법정관리까지 갔지만 이후 다시 과거의 실적을 회복하여 2020년에는 10년 만에 흑자로 전환하는 데 성공했다. 2021년 말 연합자산관리의 투자금을 상환하고 경영권도 되찾게 되었다. 일성은 창업 이래 최대의 위기상황에서도 2013년 4월 미국의 UOP로부터 1,000만 불 신규수주를 시작으로 미국 캐나다에 납품할 세계적인 석유기업 쉘SHELL로부터 500만 불의 납품계약을 체결하였다. 또한 쉘과 연계된 전 세계 플랜트 제작업체 중 5개 업체만 선정된 (한국에서는 일성이 유일) 장기우선공급업체EFA: Enterprise Framework Agreement로 선정되었다. 그렇게 꾸준히 매출을 늘려나가며 결국 2020년에는 매출이 전년보다 61% 증가한 495억 원에 영업이익이 33억 원으로 흑자를 이루어내고야 만 것이다. 그야말로 일성의 저력을 보여주는 것이라 하지 않을 수 없다.

처음 경험한 수감생활

자기성찰의 특수훈련

키코 사태로 인한 피해는 일성의 부도로만 끝나지 않았다. 나를 감옥신세 지는 상황으로까지 몰고 갔기 때문이다. 당시 나는 어떻게든 새로운 돌파구를 마련하기 위해 투자자를 찾아다녔다. 이때 IBK캐피탈 등의 금융회사와 연결되어 500억 원의 투자를 유치하는 데 성공하게 된다. 당시 금융회사들은 일성의 재무구조와 그간의 수출실적 등을 감안하여 앞으로 다시 일어설 수 있다는 가능성에 대해 면밀한 조사를 진행하였다. 그리고 일성이 세계적으로 매출 확장세가 보이고 또 기술이 탄탄하기 때문에 투자한다는 내용이 담긴 투자심리보고서를 작성하여 이사회에 통과시킴으로써 500억 원이라는 큰 금액을 일성에 투자해줄 수 있었던 것이다.

투자금에 대한 금융회사의 검토가 2010년 6월부터 시작되었는데

70대 후반 노구의 몸으로 꿈에도 생각 못한 감옥생활을
시작하게 되었지만 그때 내 마음은 이 시간을 자기성찰의 특수훈련을
받는 시간으로 여겨야겠다는 생각이었다. 나는 그들에게 당당히 말했다.
나는 거기서 특수훈련을 받고 온 것이라고,
그래서 더 강해져서 왔으니 앞으로 함께 더 잘해보자고!

이게 늦어져 해를 넘긴 2011년도에 투자금이 들어오게 되었다. 그때는 일성이 키코 때문에 계속 손해를 보고 있던 상황이라 투자금이 들어왔음에도 부도를 막기 쉽지 않은 상황에 놓여 있었다. 만약 이 투자금이 2010년에만 들어왔어도 괜찮았을 것이다. 결국 일성은 투자금이 들어왔음에도 불구하고 부도를 맞게 된다. 문제는 곧 부도가 날 기업에 투자해준 금융회사 관계자들이었다. 금융법상 부도 나기 1년 안에 투자를 해줄 경우 관계자들이 처벌받는 조항이 있었나 보다. 그래서 금융회사 관계자들은 투자심리 보고서 안의 결산 보고서를 검토하여 분식회계 명목으로 나를 고소했다.

그렇게 나는 기소되었고 재판에 회부되어 4년의 징역형을 받게 되었다. 이때 나는 억울한 면이 있어 항소까지 했으나 재판부에서 받아주지 않았다.

70대 후반 노구의 몸으로 꿈에도 생각 못한 감옥생활을 시작하게 되었지만 그때 내 마음은 이 시간을 자기성찰의 특수훈련을 받는 시간으로 여겨야겠다는 생각이었다. 내가 잘못한 부분을 반성하고 새롭게 나를 단련하는 시간으로 삼은 것이다. 처음 교도소에 갔더니 서울대 출신은 나 하나밖에 없다며 교도관들이 모두 나를 잘 대해주려고 애쓰는 모습이 보였다.

나에게 특별히 잘 대해준 교도관이 있었는데 면회가 오면 꼭 이 교도관이 나를 데리러 왔다. 그리고 나에게 책을 읽으라며 갖다주기도 하고 나에게 애로사항 있으면 언제든 말하라 해서 이 교도관을 통하여 애로사항을 해결하곤 했었다. 덕분에 나는 큰 어려움 없이 교도소 생활을 마칠 수 있었다. 형기도 큰아들이 특별사면탄원서를 넣는 등의 노력 덕분에 3년 2개월 만에 가석방으로 풀려나게 되었다.

석방 후 거래처 사람들을 만나기 위해 미국을 방문하였는데 여기저기에서 내 석방을 축하해주러 사람들이 몰려와 꽃다발을 주기까지 했다. 내게 다가와 괜찮다며, 다시 시작하면 되지 않냐며 내 등을 두드려 주는데 갑자기 감정이 북받쳐 올라 눈물이 질금하기도 했다. 그들은 모두 내가 가장 화려하고 빛나던 시절에 함께하던 사람들이었다. 감옥에 있을 때도 두 번이나 미국에서 날아와 면회까지 와준 사람들이었다. 보통 부도가 나고 형을 사는 일을 당하게 되면 대개 거래처 사람들도 등을 돌리게 마련인데 이들은 나와의 의리를 지켜주었다. 이런 사람들이 있는 한 나는 반드시 다시 일어설 수 있다는 확신을 갖게 되었다. 나는 그들에게 당당히 말했다. 나는 거기서 특수훈련을 받고 온 것이라고, 그래서 더 강해져서 왔으니 앞으로 함께 더 잘해보자고!

무노조 경영의 비결

회사 직원과의 신뢰관계

과거 언론 인터뷰할 때 항상 빠지지 않고 들어오는 질문이 어떻게 일성은 무노조노동조합 경영이 가능하냐는 것이었다. 혹시 회장이 강압적으로 회사를 경영하면서 아예 노조를 만들지 못하게 한 것 아니냐며 의심하는 사람들도 있었다. 하지만 나는 단 한 번도 노조 결성을 반대한 적이 없고 관여할 생각도 없었다. 오히려 건설적인 노조 활동을 하면 좋겠다는 생각을 갖고 있었다. 노조 운영을 건설적으로 하면 오히려 회사발전에 도움이 되지 않겠느냐는 생각에 여러 번 노조설립을 요청하기도 했었다.

일성에 노조설립 움직임이 아예 없었던 것은 아니다. 대한민국에 한참 노조설립 바람이 불 때 우리 회사도 노조를 설립한다는 소식이 전해져 왔다. 사실 내 입장에서는 매우 당황스러운 소식이 아닐 수 없었다. 당시 나는 직원들과 정말 끈끈한 유대관계 속에 서로 소통하며 잘 지내고 있다고 생각하고 있었기 때문이다. 그런데 노조를 설립하겠다니, 내심 불편한 마음이 드는 게 사실이었다. 하지만 노조설립을 막을 수는 없었고 또 우리 주변의 회사 중 노조설립이 안 된 회사가 없다고 해 노조설립을 허락한다는 신호를 보냈다. 한편으로 볼 때 직원들의 권리를 지키기 위해서는 노조설립이 긍정적 작용을 할 수도 있겠다는 생각을 하기도 했다.

그리고 정신없이 돌아가는 시간 속에 지내고 있을 무렵이었다. 일주일 쯤 지났을 때 한 직원이 나에게 찾아왔다. 그러더니 다짜고짜 자기가 너무 미안해서 더 이상 회사를 다닐 수 없겠다는 것이 아닌가. 나는 뭐가 미안하냐며 이유를 물었지만 그는 사정상 말해줄 수 없다고 했다. 그래서 나는 뭔가 말 못할 사정이 있나보다 생각하고 그의 사표를 받아주었다.

그런데 나중에 알고 보니 그 직원이 일성에 노조 설립을 하기 위해 위장취업한 사람이라는 사실을 알게 되었다. 과거 운동권의 노동운동가들이 자신의 신분을 위장하고 회사에 들어와 노조를 설립하는 등의 노동운동을 하던 시절이 있었다. 그때가 바로 그런 움직임이 가장 활발하던 때였다. 그럴 때 우리 회사에도 그런 위장취업이 있었던 것이다. 그 직원은 일성에 노조를 결성하라는 임무를 띠고 일성에 취업하여 몇 사람을 모아 노조설립 요건을 만들고 노조 설립을 추진하고 있었던 것이다. 그런데 노조를 설립하기 위해서는 근로자의 찬성을 얻어내야 하는데 이때 반대에 부딪치게 되었다.

한 직원은 "지난번에 우리 아기 아팠을 때 수술비가 없어 어려움을 겪고 있었는데 사장님이 몰래 병원비를 보태줘 무사히 수술을 마칠 수 있었어요. 저는 그런 사장님을 배신하는 것 같아 노조설립에 찬성할 수 없습니다."라며 노조설립을 반대했다고 한다. 또 다른 직원은 "저도 반대합니다. 저도 결혼한다고 집 구할 때 사장님이 발 벗고 나서주셔서 편안하게 집을 얻을 수 있었습니다. 그런 사장님을 배신할 수 없습니다."라며 반대했다고 한다. 이런 직원들이 한둘이 아니다 보니 도대체 찬성표를 얻을 수 없었던 것이다. 그래서 그는 노조 설립을 포기하고 위장 취업한 것이므로 더 이상 일할 이유도 없어져 사표를 내고 나가버렸던 것이다.

일성의 무노조 경영에는 이런 사연이 숨어 있었다. 이후로 일성에는 아직까지 노조가 결성되지 않고 있다. 이러한 직원들과의 신뢰관계 역시 나만의 사디가 적용되었기에 가능했다고 할 수 있다.

신뢰에 대한 사다리는 소통과 나눔이 핵심!

일성의 직원들이 노조설립을 반대했던 것은 나와의 신뢰관계가 형성되어 있기 때문이라고 생각한다. 내가 직원들을 어떻게 생각하는지는 일성의 사훈에 오롯이 묻어나 있다. 다시 한 번 일성의 사훈을 되짚어보자.

'일하는 자에게 풍요로운 생활을'

'일은 스스로 찾아 하고 책임을 진다'

'운영은 민주적이고 자율적으로'

이 사훈이 누구 중심으로 만들어져 있다고 생각되는가? 나는 이 사훈을 오직 직원들 입장에서 생각하며 한 땀 한 땀 만들어냈다. 그것은 직원이 성공해야 나도 성공하고 회사도 성공할 수 있다고 생각했기 때문이다. 그래서 나는 어떻게 해야 직원이 잘 될 수 있을까를 고민했고

직원들과 함께한
등산대회

이 때문에 직원들에게 필요한 것이 있으면 어떻게든 챙겨주려 노력했다. 일성은 적어도 한 달에 한 번은 전 직원 등산을 가고 등산 후에는 회식을 하곤 하는데 이 또한 그 일환으로 하는 행사이다.

1989년도에는 전 직원 해외여행을 감행하였다. 어차피 일성은 수출기업으로 나가야 하고 외국 바람을 쐬는 것이 사기 진작 차원에 도움을 준다고 판단했기 때문이었다. 당시는 해외여행이 흔하지 않고 해외여행 경비가 만만치 않을 때였다. 그럼에도 불구하고 당시 20여 명의 전 직원을 데리고 대만여행을 추진하였다. 마침 근처에 태화관광사가 있어 관광 가이드를 받을 수 있었다. 전 직원이 대만의 수도 대북台北, 타이베이에 내려 시내 관광 후 항구도시인 화련花蓮, 화롄으로 이동하여 여러 관광명소를 둘러보았다. 그리고 전 직원이 함께 고산지대 마을에 올랐었는데 거기에서 체조도 하고 마음껏 춤도 추었던 기억이 아련하다.

2009년 회사 워크숍

일성에 노조가 설립되지 않은 것은 이와 같이 사장과 직원 간의 끈끈한 관계 때문이라고 생각한다. 그리고 이 관계에서 핵심은 서로 간의 신뢰이다. 신뢰는 하루아침에 만들어지는 것이 아니다. 서로 눈빛을 마주치고 함께 밥도 먹고 고민을 나누고 여행도 하는 시간 속에 서서히 쌓여가는 게 신뢰인 것이다. 그리고 이 신뢰에서 핵심은 혼자만의 신뢰가 아닌 서로 간의 신뢰여야 한다. 내가 먼저 상대를 신뢰하고 정성껏 대해주면 상대도 나를 신뢰하게 마련이다.

나는 이러한 신뢰관계를 만드는 데 누구보다 촉이 발달해 있음에 감사한다. 나는 인간관계를 맺을 때 무슨 계획이 따로 없다. 사람을 만나는 순간 이 사람을 어떻게 대해야겠다는 게 감으로 착 떠오른다. 그리고 그 감에 따라 행동하다 보면 어느새 신뢰관계로 발전해 있음을 깨닫게 된다. 내가 출소 후 미국에 갔을 때 사람들이 나를 외면하

울주군 간월재. 2022년 울산 추계 산행 단합대회

지 않고 오히려 축하해주고 용기를 북돋아준 것이 바로 서로 간의 신뢰가 형성되어 있기에 가능한 모습들이지 않겠는가.

신뢰관계를 만들기 위해 가장 중요한 요소는 소통과 나눔이라고 생각한다. 먼저는 서로 소통하기 위해 노력해야 한다. 이를 위해 일단 만나야 하고 자주 이야기를 나누어야 한다. 이런 환경을 만들기 위한 소품으로 분위기 좋은 장소가 필요할 수 있고 때로는 선물이 필요할 수도 있다. 이러한 소통과 함께 나눔도 이루어져야 한다. 여기서 나눔이란 상대가 필요한 것을 파악하여 그것을 채워주는 일이다. 이때의 나눔은 반드시 진정성 있게 이루어져야 한다. 이와 같은 소통과 나눔이 이루어진다면 신뢰관계는 자연히 이루어지게 된다.

금탑산업훈장보다 산업평화대상이 더 가치 있는 이유

사람들은 내가 금탑산업훈장 받은 것을 보고 대단하다고 생각한다. 그도 그럴 것이 일단 훈장이라 하면 나라에 큰 공을 세운 사람에게 주는 상이라는 느낌이 있으므로 높이 보는 경향이 있기 때문일 것이다. 게다가 금탑산업훈장은 국가 산업 발전에 기여한 공로가 뚜렷한 자에게 수여하는 상으로 산업훈장 중에서도 첫째 등급에 해당하는 훈장이기에 더욱 그럴 것이다. 이 덕분에 나는 서울 삼성동 코엑스에서 열린 제47회 무역의 날 기념식에서 이명박 대통령으로부터 직접 금탑산업훈장을 수여받는 영광을 누리기도 했었다.

하지만 내가 가장 가치 있게 여기는 상은 금탑산업훈장이 아니다. 물론 금탑산업훈장이 내가 받은 상 중 가장 높은 상임은 분명하다. 하지만 개인적으로 가치 있게 생각하는 것은 개인의 경험에 따라 다를

1991년 6월 29일 제1회
경남산업평화상 수상

수 있는 법이다. 의아하게 여길지도 모르지만 내가 가장 가치 있게 여기는 상은 제1회로 수여받은 경남 산업평화대상이다. 경남에서 받은 상과 국가에서 받은 훈장을 어떻게 서로 비교할 수 있을까, 생각하겠지만 내 생각은 다르다. 당시 나에게 경남 산업평화대상은 남다른 의미가 있었기 때문이다.

우리나라에서 기업수가 가장 많은 곳이 경남일 것이다. 당시 울산은 광역시가 아니었고 경상남도에 속해 있는 도시였다. 경남 산업평화대상은 그런 차원에서 이 많은 기업들 중 가장 경영을 잘하면서도 노사관계도 훌륭한 기업을 선별하여 주는 상이었다. 대기업까지 포함한 전 기업체를 평가한 결과였다. 내가 이 상을 가장 가치 있게 여기는 이유가 여기에 있다. 대부분의 상은 기업의 성과에만 초점을 맞추고 선별하지만 이 상은 기업의 성과뿐만 아니라 기업 내 노사 문화가 얼마나 민주적으로 잘 되어 있는가까지 봐서 주는 상이었으므로 더욱 가치 있게 여겨졌던 것이다.

당시 1등으로 주는 대상이 있었고 그 밑에 금상, 은상, 동상이 있었다. 또 그 아래에 철상, 석상 등 총 30여 명의 기업대표에게 상이 주어지고 있었다. 그런데 그 많은 기업들 중 일성이 당당하게 대상을 수여받게 된 것이다. 그때 일성을 설립하고 몇 년 지나지 않았을 때라 나와 직원들의 기쁨은 더욱 컸었다. 또 나에게 기업을 할 수 있다는 가능성과 자신감을 확인할 수 있는 순간이기 때문에 더욱 뜻 깊은 시간이었다. 당시 시상식이 창원 KBS 방송국에서 열렸는데 수많은 사람들이 운집하였고 수많은 기자들이 나와 취재에 열을 올렸다. 그때 사회를 탤런트 고현정 씨가 봐 자리를 더욱 빛내주었던 기억이 생생하다.

또 하나 나에게 의미 있는 상이 있는데 바로 2021년에 우리 직원들이 나에게 수여한 감사패이다. 아마도 직원들은 일성을 위해 평생 몸 바쳐 일해 온 내가 그동안 온갖 우여곡절을 겪으며 고생한 것을 위로하기 위해 이 감사패를 주었는지도 모른다. 또는 역경을 딛고 일어나 다시 일성을 위해 열심히 일해달라는 뜻에서 이 감사패를 주었는지도 모른다. 어쨌든 이 감사패를 보며 지나온 추억들이 주마등처럼 떠오르는 것은 왜일까? 그리고 가슴이 먹먹해지는 것은 왜일까? 사랑스러운 직원들이 마음을 모아준 상이기에 이 감사패가 나에게 무엇보다 소중한 상이지 않을 수 없다.

6장

건강과 공부에도 도움되는 사디

사소한 디테일

건강도 실력이다

80대 고령에도 2시간 맨발 등산

80대 고령이 된 지금도 나는 어김없이 아침이면 한두 시간 정도 운동을 한다. 요즘은 집에서 가까운 울산대공원을 걷는데 울산대공원은 무려 100만 평이 넘는 땅에 조성된 세계적인 테마파크 공원이다. 이 안에 산도 끼어 있는데 바로 이곳이 내 운동코스가 된다. 여러 코스의 길이 있기 때문에 골라잡아 운동하는 맛도 있다.

한번은 서울에서 온 젊은 친구와 함께 운동을 하는데 이 친구가 나를 보고 깜짝 놀랐다. 내가 맨발로 울산대공원에 나타났기 때문이었다. 사실 나는 오래 전부터 맨발 걷기를 하고 있었다. 어느 날 책에서 맨발 걷기가 좋다는 정보를 얻고 시작하게 되었다. 맨발 걷기가 건강에 도움이 주는 이유는 맨발과 흙이 접지를 하면 제2의 심장이라고 하는 발에 땅의 기운이 흡수되고 또 압력을 가해주니까 지압효과도 있어 심장이 튼튼해질 뿐 아니라 몸의 각 기관을 활성화해주기 때문이라고 했다.

이러한 맨발 걷기를 어싱Earthing이라고 하는데 어싱의 건강 효과에 대해서는 다양한 연구 자료가 있다. 한 연구에서 어싱 전후의 피검사를 통하여 어싱에 대한 효과를 알아봤는데 놀랍게도 어싱 후 덩어리진 적혈구가 현저히 감소한 것을 확인했다고 한다. 또 다른 연구에서도 어싱했을 때 기질 내의 전기전도도가 활성화되어 신체의 자연 방어체계가 회복되는 것을 확인했다고 한다. 이런 연구뿐만 아니라 어싱을 통하여 아예 암이 나았다는 사람도 나타나고 있어 어싱은 분명 건강에 큰 도움이 되는 것이 확실하다. 사실 어싱의 건강효과는 나를 통해서도 나타나고 있다. 나는 오래전부터 어싱을 하고 있는데 팔십을 훌쩍 넘긴 노구임에도 불구하고 젊은 사람보다 더 건강하게 운동하며 일하고 있지 않은가.

그때 나와 함께했던 젊은 친구는 두 번 놀라게 되는데 내가 맨발로 무려 두 시간 동안 산을 탔기 때문이었다. 두 시간 동안의 코스 중에는 부드러운 흙으로 된 부분도 있었지만 대부분은 곳곳에 돌 조각들이 늘어져 있는 울퉁불퉁한 길들이었다. 이러한 길을 두 시간 동안이나 맨발로 걷는다는 것은 자칫 위험한 일이 생길 수도 있기 때문에 그 친구가 놀랄 수밖에 없었던 것이다. 하지만 내 입장은 달랐다. 나도 처음 어싱을 할 때는 부드러운 흙길만 다닐 수 있었다. 하지만 부드러운 흙길만 다니려다 보니 신을 벗었다 신었다를 반복하면서 운동 리듬이 깨지는 문제에 부딪치게 되었다. 나는 이 문제를 해결하기 위해 돌 조각이 있는 길에서도 다치지 않고 걸을 수 있는 방법에 대해 연구하기 시작했다. 그리고 지금은 그 요령을 터득하여 웬만한 돌길이라도 다치지 않고 걸을 수 있게 되었다. 따라서 처음 보는 사람은 걱정스럽겠지만 나는 아무렇지도 않게 장시간 맨발 등산을 할 수 있는 것이다. 이렇게 맨발 등산을 하고 나면 몸도 개운해지고 머리도 맑아지므로 이보다 더 좋은 건강관리법이 없다.

한 번은 맨발 걷기 중에 비가 많이 온 적이 있었다. 땅에 물이 차오르자 다른 사람들은 운동을 포기하고 다 가버렸다. 하지만 나는 우비를 입고 계속 맨발 걷기를 하였다. 물에 젖은 흙을 밟는 기분은 또 다른 상쾌한 느낌을 가져다주었다, 만약 그때 나도 비 때문에 운동을 포기했다면 이런 느낌은 맛보지 못했을 것이다. 이처럼 운동은 자기 마음먹기에 달렸다고 생각한다. 자기 생각으로 저건 안 되지,라고 하면 그건 할 수 없는 것이 되고 만다. 그것을 실천했을 때 내 것이 되고 내 건강도 지켜주게 되는 것이다.

나는 건강도 실력이라고 생각한다. 건강한 사람은 건강의 실력이 있는 사람이고 건강하지 않은 사람은 건강의 실력이 없는 사람이라는 이야기다. 건강도 실력이라는 사실을 인정한다면 이제 사디를 통하여 건강도 키울 수 있다. 나는 사디를 통하여 건강 실력도 키우기 위해 황혼의 나이가 될 때까지 끊임없이 노력해왔다. 건강에 대한 디테일 공부를 하다 보니 맨발 걷기도 알게 되었고 앞으로 소개할 냉수욕, 그리고 각종 운동도 하게 되었다. 덕분에 나는 이 나이에도 건강에 대한 실력을 유지해 나가고 있다.

한겨울 산속 계곡에서의 냉수욕

맨발 등산과 더불어 나는 겨울 냉수욕도 즐긴다. 냉수욕을 시작하게 된 계기도 역시 등산 때문이었다. 옛날에 토요일마다 등산을 다니곤 했었는데 영남 알프스 내에 있는 천성산이라는 곳에 자주 갔었다. 그때가 겨울이었는데 직원들 몇 명과 함께 등산을 하고 내려오는데 개울물이 흐르는 곳이 있었다. 그곳에서 몇 사람이 냉수욕을 하고 있기에 나도 그 사람들을 따라했다가 냉수욕 맛을 알게 되어 지금까지 하게 되었다.

내가 대구에 있을 때 앞산이라고 천고지가 넘는 높은 산이 있었다. 한겨울에 그 산을 한 20분 정도 올라가면 냉수욕을 할 수 있도록 만들어놓은 계곡이 있었다. 여기에 오는 사람들은 모두 냉수욕을 하기 위해 온 사람들이었다. 그런데 막상 냉수욕을 하려 하면 용기가 나지 않아 못하는 사람들이 많았다. 하지만 나는 옷을 훌훌 벗고 그 찬 물 속으로 들어가 냉수욕을 하였다. 그리고 나와 수건으로 몸을 닦고 다시 내려오게 되는데 이때 몸에 물기가 완전히 닦이지 않아 김이 모락모락 나는 현상을 보면서 신기하다는 생각을 하곤 했었다. 집에 돌아올 때쯤에야 물기가 다 말라 더 이상 김이 나지 않았다.

한겨울에, 그것도 어떻게 산 계곡에서 냉수욕을 할 수 있냐고 하겠지만 처음 할 때가 힘들지 한 번 하고 나면 그렇게 상쾌할 수가 없다. 실제 냉수욕은 근육과 같은 말초 조직 혈관을 수축시켜 운동으로 인한 급성 염증 물질의 확산을 줄여주는 효과가 있다고 알려져 있다. 무엇보다 냉수욕은 면역력을 높여주므로 건강에 도움이 된다. 그래서 나는 기회가 될 때마다 겨울철 냉수욕을 즐기며 건강을 관리하고 있다.

나의 냉수욕 역사는 학생 때부터 시작되었지 싶다. 그때 어디선가 냉수욕이 좋다는 이야기를 듣고 맞겠다 싶어 처음에는 물수건에 적셔서 냉수마찰을 시작했던 기억이 난다. 그리고 군대 가서는 더운물 자체가 없었으므로 찬물로 샤워하는 것이 일반화되어 있었고 한겨울에 훈련 나가면 텐트에서만 지내며 추위를 이겨내야 할 때도 많았다. 아마도 그때 추위에 대한 면역이 생긴 덕분에 한겨울 냉수욕도 어렵지 않게 도전하여 해낼 수 있었던 것 같다.

운동으로 다져진 건강

나는 등산을 좋아해 유공시절부터 아침 운동으로 산을 탔으며 이후 사업을 시작하고도 산을 참 많이 다녔다. 주말이면 산을 찾아다녔으며 직원들을 데리고 다니기도 하고 따라오는 사람 없으면 혼자 다니기도 했다. 그중 경주 남산이 기억에 남는다. 경주 남산은 등산코스가 무려 63개나 될 정도로 코스가 다양하기로 유명한데 내가 보기에 이건 공식적인 것만 따진 것이고 응용된 코스까지 합하면 100개가 넘을 것으로 생각된다. 이 때문에 경주 남산을 자주 다녔었는데 때때로 직원들을 데리고 다니기도 했었다. 남산의 명물 가운데 산 정상에 자리 잡고 있는 녹음정사라는 식당이 있는데 이곳은 한꺼번에 몇 백 명이 들이닥쳐도 처리해내는 곳으로 유명하다. 이곳에서 직원들과 함께 산채비빔밥을 먹었던 기억이 생생하다. 산 정상에서 등산 후 먹는 산채비빔밥의 맛은 먹어보지 않은 사람들은 모른다.

나는 스포츠도 좋아해 테니스, 배드민턴, 골프, 수영, 스키 등 하고 싫은 운동은 꼭 해야만 직성이 풀리곤 했다. 테니스는 가장 먼저 시작했던 운동으로 유공 입사 후 1년이 지났을 때부터 치기 시작해 사업하던 시절까지 정말로 열심히 쳤다. 그 덕분에 2000년부터 시작하여 무려 10년 이상 울산지역 테니스협회장을 맡아 일하기도 했다. 협회장 일을 하다보면 테니스 외적인 일까지 신경 써야 했는데 이때 테니스협회 발전 기금, 장학금, 불우학생 돕기 등에 나서기도 하였다. 그 전부터 느끼고 있었지만 이러한 일을 하면서 기업의 존재목적에 대해 다시금 되새기는 계기가 되어 감사한 마음이 든다.

배드민턴은 70대 후반이 되어서야 뒤늦게 시작하게 되었는데 테니스에 비해 순간적 근력 사용이 적기 때문에 노년에 효과적으로 할 수 있는 운동이라는 생각이 들었다. 테니스의 경우 테니스 채와 공의 무게감이 있기 때문에 순간적으로 가하는 힘이 들어가 손과 손목, 관절 등에 무리가 오는 단점이 있다. 하지만 배드민턴의 경우 채와 공의 무게가 가볍기 때문에 몸에 큰 무리 없이 할 수 있는 운동이라 노년들이 하기에 적합한 운동이라는 생각이 든다.

어쨌든 나는 팔십 노구의 몸이 되었는데도 이러한 등산, 테니스, 배드민턴, 스키, 골프 등의 운동을 즐길 수 있는 것에 감사하게 생각한다. 그리고 이러한 운동 덕분에 지금의 내 건강이 지켜지고 있는 것에도 감사하고 있다. "돈과 명예를 잃으면 조금 잃는 것이지만 건강을 잃으면 모든 것을 잃는다."라는 말도 있듯 인간으로 태어난 의무 중 하나가 건강관리라고 생각한다. 그래서 나는 하늘이 부르는 그날까지 건강관리를 위해 이러한 운동들을 즐기며 계속해 나갈 것이다.

정상급 골프 실력
내 인생의 첫 홀인원

내가 유일하게 연, 월, 일, 시간까지 기억하는 날이 있다. 이날은 바로 2005년 12월 31일 아침 8시 30분이다. 도대체 무슨 날이기에 이처럼 정확한 기억을 하고 있는 것일까? 이날은 다름 아닌 울산컨트리클럽에서 내 인생에서 첫 홀인원을 기록한 날이다.

운동을 좋아했던 나는 전부터 골프를 잘 치는 편이었다. 이글eagle 한 홀에서 2언더파를 기록하는 것을 네 번인가 할 정도였다. 이글을 기록한 곳 중에 기념으로 나무를 심어놓은 곳도 있다. 그런데 홀인원은 한 번도 못 해본 상태였다. 그래서 홀인원hall in one 한 번 해보는 것이 꿈이었다. 사실 홀인원은 평생 골프를 쳐도 한 번 할까 말까 할 정도로 이루기 쉽지 않은 기록이다.

그날 라운드 중 150미터 파3 홀이었다. 날씨가 매우 흐리고 안개

홀인원을 기록했을 때 기념 촬영한 모습

까지 낀 날이라 시야가 잘 확보되지 않은 날이었다. 게다가 그린 바로 앞에 벙커가 있어 자칫 잘못하다가는 벙커에 빠질 확률이 매우 높은 상태였다. 이 경우 티샷을 벙커를 피해 그린 가까운 곳에 올려놓는 것이 중요하다. 아니면 아예 티샷을 벙커 너머 그린 위에 올려놓을 수 있다면 금상첨화다. 나는 후자를 택했다. 그러려면 150미터를 날려야 한다. 당시 60대 후반을 향해가고 있던 나로서는 쉽지 않은 거리였다. 그럼에도 불구하고 내기가 걸려 있었기에 나는 정신을 바짝 차리고 5번 아이언 샷을 날렸다. 공은 멋진 포물선을 그리며 페어웨이 위를 날아갔다. 그리고! 벙커를 넘어 분명히 그린에 떨어지는 것까지 확인할 수 있었다. 그런데 그린에 가보니 공이 보이지 않았다. 나는 설마 홀인원은 생각지도 못하고 그린 주변을 두리번거리며 공을 찾으러 다녔다. 하지만 공은 보이지 않았다. 그때 "홀인원이다!" 하는 소리가 들렸다. 내 귀를 의심했다. 홀을 확인했더니 정말로 홀인원이었다. 그때 나는 그 자리에서 펄쩍펄쩍 뛰고 싶은 정도로 흥분되었다. 얼마나 오매불망 기다렸던 홀인원이던가. 그런데 그것이 현실로 눈앞에서 벌어지니 마치 꿈을 꾸고 있는 것만 같았다.

당시 골프 치는 사람들 사이에 홀인원 하면 3년간 재수가 좋다는 말이 있었다. 실제로도 나는 홀인원을 한 후 날이 갈수록 기분이 더 좋아지는 것을 느꼈다. 그리고 2006년부터 일성에 엄청나게 수주가 들어오더니 공장도 짓고 하며 3년 이상이나 활황을 누리게 되었다. 지금도 그때를 생각하면 흐뭇하기 그지없다.

빠르게 배운 스키에 빠지다

내가 스키를 타기 시작한 것은 59세가 되었을 때다. 그런데 시작하게 된 동기가 우습다. 서울에서 대학동기들과의 식사자리에서 우연히 스키 이야기가 나왔는데 나만 스키를 타본 적이 없어 조금 부러운 생각이 들었다. 그러면서 나도 모르게 스키를 타고 싶다는 생각이 불처럼 타올랐다. 나는 한 번 마음먹으면 바로 행동으로 옮기는 스타일이라 당장 다음 날 압구정동 현대백화점으로 달려가 스키 장비를 샀다.

그리고 한 번도 스키를 타본 적도 없던 사람이 풀세트 장비를 차에 싣고 가까운 천마산 스키장으로 달렸다. 도착해서 살펴보니 제일 낮은 곳에서 젊은 친구들이 스키 연습하는 모습이 보였다. 나도 저기 가서 해보면 되겠다 싶어 그곳으로 갔는데 조금만 움직여도 꽈당 하고 넘어지는 것이 당최 중심을 잡을 수가 없었다. 이래 가지고 도저히 안 되겠다 싶어 사무실로 달려가 스키코치 할 사람을 소개해달라고 부탁했다.

그런데 스키코치는 나를 데리고 무조건 위로 타고 올라갔다. 그러더니 갑자기 내리막으로 막 내려가는데 코치가 옆에 붙어 따라오긴 하지만 내가 넘어질 경우 붙잡아줄 형편도 못 되어 큰 도움이 되지 못했다. 그때 내리막을 내려오면서 아찔한 생각에 식은땀으로 온몸을 적셔야 했다. 이럴 경우 포기할 법도 한데 나는 도리어 스키를 정복해야겠다는 의지가 더욱 불타올랐다.

다음에는 금요일에 둘째아들을 데리고 용평스키장으로 갔다. 둘째아들이 제법 스키를 잘 타 코치로서 나를 도와주기 위해서였다. 그런데 이런저런 이야기는 해주는데 나에게 실질적 도움은 되지 못했다. 그때가 2월 20일 정도 될 때로 스키장으로서는 막판일 때였다. 왜냐하면 3월 13일 정도 되면 눈이 다 녹아버려 스키를 탈 수 없기 때문이다. 나는 스키장이 문 닫기 전에 꼭 스키를 익혔으면 하는 욕심에 마음이 조급해졌다.

S오일에 무려 22년 경력의 스키 베테랑인 친구가 있었다. 이번에는 그 친구에게 도움을 요청했더니 나를 가르친다며 제일 높은 곳으로 데리고 갔다. 그런데 이상하게 문이 잠겨 있는 것이 아닌가. 알고 보니 국가대표들이 훈련한다고 막아놓은 것이었다. 아쉬운 마음을 뒤로 하고 내려올 수밖에 없었는데 내 머릿속에는 이제 일주일밖에 안 남았는데 이떡하나 하는 생각으로만 가득해 있었나.

울산으로 내려온 나는 오늘 못타면 1년을 기다려야 한다는 생각에 3월 3일에 혼자 스키장으로 향했다. 그때 스키장은 이미 따듯해지고 있던 날씨 때문에 눈이 조금 녹고 있던 상태였다. 그런데 눈이 조금 녹

스키 타던 당시의 모습

으면 부드러워져 스키 타는 사람 입장에서는 오히려 안전할 수 있었다. 나는 용기를 가지고 높은 곳으로 올라가 침착하게 내려가기 시작했다. 그렇게 몇십 미터를 내려가는데 나도 모르게 자신감이 붙었다. 그리고 목적지까지 넘어지지 않고 도착했을 때 얼마나 기분이 좋은지 몰랐다. 그렇게 이날 나는 무려 열 번이나 스키를 타고 내려오는 것을 반복했다. 그러면서 드디어 스키를 정복했다는 생각에 희열이 등줄기를 타고 오르는 것을 느꼈다. 이후로 겨울만 되면 스키를 타러 다닐 정도로 나는 스키광이 되었다.

사디의 비결은 끊임없는 공부에 있다!

나는 독서를 많이 하는 편이다. 바쁜 일 때문에 독서할 시간은 태부족하지만 이동할 때나 잠자리에 드는 시간을 활용해서라도 어떻게든 독서를 하려고 노력한다. 나는 창업 이후 30여 년간 지구를 140바퀴나 돌 정도로 비행기를 많이 탔다. 또 서울은 수시로 왔다 갔다 한다. 이처럼 이동에 많은 시간을 투자하는데 이동할 때 그냥 보내는 시간이 너무 아까웠다. 그래서 어느 순간부터 이동할 때 독서를 하기 시작했다. 그러다 보니 항상 책을 손에 끼고 다니는 습관이 생겼다. 언제 이동할지 모르므로 언제든 책을 손에 쥐고 있어야 하기 때문이다.

나는 젊을 때부터 시간 나는 대로 독서를 해왔고 이동할 때뿐만 아니라 잠자리에서 독서하는 것을 즐겼다. 남들은 누워서 책을 읽으면 불편하다 하겠지만 나는 누워서 책을 읽으면 그렇게 편안할 수 없었다. 누워서 책을 읽을 때의 장점은 그렇게 책을 읽다가 나도 모르게 스르르 잠에 들 수 있다는 점이다. 그렇게 자고 아침에 깨어나면 어젯밤

읽었던 책의 내용이 생생히 기억나기도 해 더욱 유익하다.

최근에 읽은 책이 《부의 인문학》인데 처음엔 그냥 돈 버는 책인가 싶어 사서 읽기 시작했다. 이미 세계적인 금융인이자 투자가로 유명인이 된 조지 소로스George Soros가 나오는 부분이 인상적이었는데 그가 투자자가 되기로 결심한 계기가 철학 공부를 위해서였다는 부분이 나와 흥미를 끌었다. 경제와 철학이 어떤 관계가 있을까, 생각하며 계속하여 책을 읽어나갔는데 대부분의 유명인들이 돈을 벌 때 반드시 철학을 참고해야 한다는 이야기를 하고 있었다. 나도 이 부분에 대해 동의하며 나의 철학은 무엇인가, 하고 다시금 생각하게 되었다.

또 얼마 전에는 독일 아마존에서 독일 원서 책을 구입하여 본 적도 있다. 내가 관심 있어 하는 책이 우리나라에는 없고 독일에 나와 있는 것을 발견하였기 때문이었다. 나는 고등학교 때 독일어를 제2외국어로 공부했고 대학 때도 2학년 때까지 독일어를 배웠는데 당시 내 독일어 점수가 최고였다. 사실 나에게는 영어보다도 독일어가 더 쉬운 과목이었다. 그래서 독일어 원서를 읽는 데는 지장이 없겠다 싶어 독일어 책을 구입한 것이다. 그런데 막상 독일어 책을 보다 보니 너무 오래되어 단어를 많이 잊어 먹었다는 사실을 알게 되었다. 그래서 할 수 없이 독일어 사전을 보며 책을 읽어 나가야 했다. 그러다 보니 시간이 많이 걸릴 수밖에 없었는데 그럼에도 불구하고 내가 원하는 내용을 만날 수 있어 보람된 시간이었다.

내 사디의 비결은 끊임없는 공부에서 비롯되었다고 볼 수 있다. 공부해야만 디테일을 알 수 있기 때문이다. 노년에도 손에서 책을 놓지 않는 까닭은 끊임없이 공부해야 한다는 생각 때문이며 이러한 공부 가운데 나도 모르게 사디가 조금씩 만들어지고 커져가게 된다. 그러므로 손에서 책을 놓지 않는 습관을 기르는 것은 무엇보다 중요하다.

한번은 독서 욕심에 오십 몇 권으로 된 세계 인문학 전집 풀세트를 산 적이 있었다. 그런데 일에 바쁘다보니 책만 사놓고 통 읽을 기회가 없었다. 그러던 책을 몇 년 전부터 읽기 시작했는데 고전철학부터 헤겔Hegel, 단테Dante에 도스토예프스키Dostoevsky의 작품까지 쫙 읽게 되었다. 또 내가 유공 본사에 있을 때 영어로 되어 있는《브리태니커 백과사전》을 사놓은 적이 있었는데 이 역시 읽을 여유가 없어 책장에 꽂아만 두었다가 3~4년 전에 읽기 시작했다. 이러한 독서로 인해 기업일로 조금은 냉랭해진 내 내면이 뭔가 고급스러운 것으로 꽉 채워지는 느낌을 얻을 수 있었다.

사실 회사 일로 바쁠 때는 회사 관련된 책들만 읽었던 것이 사실이다. 하지만 독서는 편식뿐만 아니라 다양한 분야의 책을 읽는 것도 중요하다. 그래야만 좁은 세계에 갇히지 않고 넓은 세계를 이해할 수 있기 때문이다. 그래서 나는 오늘도 다양한 책을 읽어 나가고 있다.

내 사디의 비결은 끊임없는 공부에서 비롯되었다고 볼 수 있다. 공부해야만 디테일을 알 수 있기 때문이다. 노년에도 손에서 책을 놓지 않는 까닭은 끊임없이 공부해야 한다는 생각 때문이며 이러한 공부 가운데 나도 모르게 사디가 조금씩 만들어지고 커져가게 된다. 그러므로 손에서 책을 놓지 않는 습관을 기르는 것은 무엇보다 중요하다.

노년에도 배움의 열정으로!

일성이 세계적 인정을 받을 수 있었던 비결 중 하나로 디테일의 힘을 강조했었다. 이러한 디테일의 힘은 결국 공부에서 나온다고 할 수 있다. 공부를 해야만 디테일한 내용을 발견하고 이해할 수 있기 때문이다. 내가 군에 있을 때 레이더 교관 일을 훌륭히 수행해낼 수 있었던 것도 공부했기 때문이었다. 유공 근무시절 성공적으로 일을 해낼 수 있었던 것도 남들보다 공부를 더 열심히 했기 때문이었다. 그때 나는 정말 원서까지 찾아가며 공부했다. 이러한 공부습관이 현장으로 이어져 나는 현장에서 다뤄야 하는 기계들에 대한 공부를 하기 시작했다. 이때 기계들에 숨어 있는 디테일한 지식들을 알 수 있게 되었고 남들보다 뛰어난 기술수준에 도달하게 되어 세계적 인정도 받을 수 있었다.

이처럼 공부란 중요한 것이다. 평생공부란 말이 그냥 나온 것이 아니다. 앞에서 인간의 존재목적 중 하나로 건강관리 이야기를 했었는데 사실 그보다 더 중요한 게 공부하는 것이다. 공부를 해야 성장할 수 있고 궁극적으로는 성숙한 인간다운 삶을 살 수 있기 때문이다. 이 때문에 나는 노년의 나이에도 배움의 열정을 잃지 않고 열심히 공부하러 다니고 있다.

상해上海, 상하이에 과거 강택민江泽民, 장쩌민 주석이 나온 대학으로 유명한 교통대학交通大學, Jiaotong University이 있다. 60대 중반쯤인가 중국에 들렀을 때 우연히 그 교통대학에 MBA 과정이 있다는 것을 알게 되었다. 공대 출신인 나는 꼭 MBA를 하고 싶다는 생각을 가지고 있었는데 잘됐다 싶어 이 대학에 등록을 하였다. 굳이 왜 중국대학에서 수업을 듣는지 궁금해 하는 사람들도 있을 테지만 당시 중국이 발전해나갈 때였고 그 가능성을 보고 중국을 선택한 것이었다.

수업은 2주마다 참석하면 된다고 해 쉽게 생각하고 수업을 듣기 시작했다. 금요일에 부산에서 비행기 타고 상하이로 가서 토요일, 일요일 수업 듣고 일요일 저녁에 다시 돌아오는 코스로 진행되었다. 나름대로 중국어 준비를 하고 갔는데도 막상 가보니까 말이 속사포처럼 나오는 게 도통 알아들을 수가 없었다. 그때부터 스트레스가 쌓이기 시작했다. 옆에 친구들과 이야기하는 것도 어렵고 또 교수들이 한국에서 중국까지 수업을 들으러 온 내가 신기했는지 같이 식사하자는 경우도 많았는데 그 식사자리까지 부담되기 시작했다. 게다가 과제는 어찌 그리 많던지.

이때부터 그만둘까, 하는 생각이 모락모락 피어올랐던 것 같다. 그

중국 상해 교통대학 다니던
시절의 모습

2022년 7월 18일
울산대학교 산업대학원
테크노 CEO 과정 11기
졸업식 때의 모습

때 교통대학 총동창 회장이 나를 찾아와 감동했다며 손을 잡아주었다. 세상에 한국에서 중국 오는 비행깃값만 해도 자기들 등록금 몇 배가 되는데 이렇게 다니는 모습이 대단하다는 것이었다. 그 말을 듣고 한국인으로서의 자존심상 그만둘 수는 없는 노릇이어서 억지로 다니게 되었다. 그리고 드디어 맞이한 졸업식 날 나는 뜻하지 않게 감동상을 수상하게 되었다. 한국에서 비행기 타고 왔다 갔다 한 수고를 위로 해주기 위해 주는 상이라고 생각했는데 나더러 답사까지 하라는 게 아닌가. 나는 서투른 중국어로 답사를 작성하여 졸업식 강단에 올라가 답사를 읽어내려 갔다. 그때 그간의 고생했던 것이 떠올라 얼마나 울먹였는지 모른다.

2022년 3월이면 내 나이가 84세이던 때이다. 나는 이때에 울산대학 산업대학원 테크노 CEO 과정 11기를 수료하였다. 팔십 대의 노구에도 이런 배움을 가질 수 있었던 것에 감사할 수밖에 없다. 이 수업을 듣게 된 계기는 유공 있을 때 같이 근무했던 친구가 나를 찾아와 이 수업을 한번 들어보지 않겠냐며 권유했기 때문이었다. 나는 비록 팔십을 넘긴 나이였지만 부끄럽게 생각하지 않고 지원하여 수업을 듣게 되었다. 일주일에 한 번 월요일에 가서 저녁 7시부터 9시까지 듣는 수업이었는데 마치고 나니 매우 유익한 시간이었다는 생각이 들었다. 그래서 현재 일성하이스코의 대표를 맡고 있던 큰아들에게도 권유하여 수업을 듣게 하였다. 이렇듯 나는 배움에 관해서는 나이에 상관없이 계속되어야 한다고 생각한다.

이 외에도 나는 2010년 중국 청화대학清華大學, Tsinghua university 제1기 국제경영 연구과정을 수료하고 전경련의 AMP 과정을 공부하는 등 배움의 노력을 게을리 하지 않았다. 이런 배움에 대한 노력 덕분인지 나는 미국의 링컨대학교Lincoln University에서 명예박사 학위를 받기

Se Il Chang

From this long-established institution of higher education, dedicated to truth, liberty and religion, we salute you as one who shares these principles with us: and in recognition of your faithful application of them to the life of our time by your words and deeds, we desire to thank you, and to honour you and ourselves, and to celebrate the bonds of affection and respect between us, by appointing you to be a

Foundation Fellow

of Harris Manchester College
in the University of Oxford

Ralph Waller
Principal
20 May 1998

1997년 옥스포드대학교
Advanced leadership Program 수료

HARVARD UNIVERSITY
GRADUATE SCHOOL OF BUSINESS
ADMINISTRATION

SE-IL CHANG
HAS SUCCESSFULLY COMPLETED
BUILDING COMPETITIVE
ADVANTAGE THROUGH
OPERATIONS
AUGUST 1 - 6, 1999

IN WITNESS WHEREOF THE OFFICIAL SIGNATURES AND SEAL ARE HERETO AFFIXED
DONE AT BOSTON, MASSACHUSETTS

FACULTY CHAIR

1999년 하버드대학교 Building Competitive Advantage Through Operations 수료

도 했고 영국 옥스퍼드대학교University of Oxford에서 파운데이션 펠로우Foundation Fellow를 받기도 했다.

기업의 사회적 기여와 선교사업에 대한 꿈

처음부터 그런 건 아니었고, 어느 때부턴가 나는 기업의 본질이 무엇일까에 대해 생각하기 시작했다. 그 출발은 회사가 커지다 보니 이곳저곳의 사회활동에 참여해달라는 연락이 오기 시작한 시점부터였다. 돌아보니 그렇게 참여한 사회활동이 생각보다 많았고 그 가운데 남들이 볼 때 선행으로 보이는 일도 많이 하였던 것 같다.

기업적으로는 2000년부터는 울산 무역상사 협의회 회장을 맡게 되었고 또 전경련에도 가입되어 국제경영원 이사직을 맡아 일하게 되었다. 사회적으로도 1998년부터 대한적십자사 전국 대의원을 맡아하였고, 또 서울대 관악회 이사직을 맡아 일하게 되었다. 이때 서울대학교 총동창회 장학금으로 1억 원을 기부하기도 하였다. 기부는 2012년 경북중 · 고동문장학회에 1억 원씩을 기부하기도 했다. 또한 법무부에서 연락이 와 범죄예방위원회 울산양산지역 협의회 일을 맡아 일하게 되었다. 또 앞에서도 이야기했듯 10여 년간 울산지역 테니스협회장 일을 맡아 하면서 테니스협회 발전 기금, 장학금, 불우학생 돕기 등의 일을 오랫동안 했었는데 이때 기부한 돈을 살펴봤더니 5억여 원에 달했다. 그밖에 울산 사랑의 전화 이사, 전국장애인종합예술제 등의 일에도 관여하면서 기업의 사회적 소명을 다하기 위해 노력했다.

사실 사람이 자기의 선행에 대해 자기 입으로 이야기하는 것보다 부끄러운 것이 없는 법이다. 하지만 여기에 이런 기록을 공개하는 것은 나름의 이유가 있다. 나에게 회사 일 외적으로 하는 이러한 사회적 활동들이 나로 하여금 점점 기업의 존재이유에 대해 생각하는 계기가 되었기 때문이다. 나도 처음에는 그냥 기업인으로서 의무적으로 이런 일을 대하는 면이 없지 않았다. 하지만 내 스스로 어려움을 당하면서 신앙도 갖게 되고 기업의 사회적 역할에 대해 생각하면서 내 기업관은 완전히 바뀌게 되었다.

기업은 일단 이익을 창출하는 것이 첫 번째고 그렇게 이익이 창출되었으면 그것을 가지고 사회를 위해, 특히 사회의 어려운 곳을 위해 그 이익이 쓰이도록 하는 것이 존재의 목적이 되어야 한다. 개인이 아닌 기업 단위에 이런 역할이 주어지는 까닭은 기업이야말로 지속적으로 이익을 창출할 수 있는 유일한 사회조직이기 때문이다.

생각해보라, 아무리 어려운 사람들을 도와준다고 하더라도 그게 지속이 되어야 의미가 있지 않겠는가. 이런 이유 때문에 기업에게 이런 임무가 주어지는 것이다. 나는 이러한 기업관을 갖게 된 후 여러 꿈을 꾸기도 하였다. 기독교인으로서는 선교사업에 지원하고픈 꿈이 있었고 또 선교회를 만들어 정신적으로 어려움을 겪는 사람들을 위해 도움을 주고픈 계획도 있었다. 사회적으로는 어려운 사람을 돕기 위해 시에다 사업계획서를 제출하기도 했었다. 시에서 땅을 주면 내가 거기에 집을 지어 소년소녀가장들이 들어와 살 수 있게 해주는 그런 내용이었다. 그리고 이런 운동을 확산해 나가면 사회에 도움이 될 것이란 계획도 포함했었다. 하지만 시에서 어렵다는 답변이 와 안타까움을 자아내기도 하였다.

이러한 꿈들은 이후 일성이 키코 사건으로 어려움에 빠지면서 난관에 부딪치게 되었다. 하지만 나는 언젠가 이 문제가 풀리고 다시 일성이 우뚝 서리라 믿고 있다. 그리고 내가 바라고 있는 이 사회적 꿈을 실현할 수 있는 때가 오리라 굳게 확신하고 있다.

인생의 짧은 단상들

해외 출장 때 마늘이 너무 먹고 싶어

유공 다닐 당시 미국 출장 갔을 때의 일이다. 휴스턴에 일주일 정도 머무르고 있는데 일주일째가 되니까 김치가 다 떨어졌다. 그 순간부터 이상하게 마늘이 먹고 싶어 안달이 났다. 한국인은 마늘을 먹어야 하는데 마늘을 먹지 못하니 기력도 빠지고 머리도 멍해지는 것 같았다. 그러다가 중국집에 갔는데 웬 머리가 허연 중국 영감이 나왔다. 그래서 자장면을 먹고 싶다고 했더니 이분이 잘 못 알아듣는 것 같았다. 다시 "플리스 자장면!" 하고 천천히 말해주어도 마찬가지였다. 그때 미국 할머니가 들어오기에 안 되겠다 싶어서 이번에는 볶음밥을 시켰다. 그건 알아듣기에 나는 혹시 갈릭마늘 좀 먹을 수 있냐고 물었다. 그랬더니 파우더밖에 없다는 것이 아닌가. 그때 나는 마늘 맛만 봐도 되는 상황이었기에 그거라도 달라고 했다. 그렇게 해서 볶음밥

에다 마늘 가루를 잔뜩 뿌려서 허겁지겁 먹었다. 그제야 마늘에 대한 갈증이 풀려 힘도 나고 머리도 맑아지는 것을 느꼈다. 그때 먹었던 볶음밥 맛이 지금도 내 머리에 뚜렷이 각인되어 있다.

러시아의 바람 없는 추위

러시아 출장 때의 일이다. 러시아는 살을 에는 듯한 추위로 유명하지만 막상 러시아에 가보면 생각보다 춥지 않다는 것을 느낄 때가 있다. 그것은 러시아에 바람이 없기 때문에 나타나는 착각 현상이다. 사실 우리가 겨울철 바깥에 다닐 때 추위를 느끼는 것은 바람의 영향이 크다. 그런데 아무리 기온이 낮아도 바람이 불지 않으면 추위 자체는 잘 못 느끼는 경우가 있다. 내가 그랬다. 러시아에 갔는데 별로 춥지 않은 것이다. 기온은 분명 영하 20도를 오르내리는데 그렇게 춥지 않은 것 같아 나는 이리저리 막 쏘다녔다. 그런데 어느 순간부터 추위가 차곡차곡 피부로 들어오는 것을 느꼈다. 이렇게 들어온 추위는 피부 깊숙이까지 쌓이게 된다. 이것을 느낄 때가 되면 이미 늦은 상태라는 것을 알아야 한다. 보통의 추위는 호텔로 돌아와 한두 시간이면 풀리게 마련이다. 그런데 나는 호텔로 돌아와 잘 시간이 되었는데도 당최 추위가 풀리지 않았다. 이미 피부 깊숙이 추위가 배어든 것이다. 그리고 자고 일어났는데도 추위가 풀리지 않은 상태였다. 그때 갑자기 몸이 잘못될까 봐 두려움이 확 밀려왔다. 러시아의 바람 없는 추위의 위력을 실감하는 순간이었다. 이럴 줄 알았으면 어제 거리를 쏘다닐 때

완전히 무장하고 다녔어야 했는데… 후회는 이미 늦은 법이므로 절대 하지 말아야 한다.

초음속 비행기 타봤던 경험

미국과 유럽을 오가며 출장을 다닐 때 초음속 비행기인 콩코드기를 타본 적이 있다. 초음속 비행기는 일반 비행기보다 두 배 이상이나 빠른 마하mach 2~3의 속도로 하늘을 나는 비행기다. 나는 시간에 쫓긴 나머지 빨리 갈 수 있는 방법을 알아보다가 이 비행기의 존재를 알게 되었다. 일반 비행기는 뉴욕에서 런던까지 7시간 반 정도 걸리나 초음속 비행기를 타면 3시간 반 만에 주파한다. 비행기 좌석 계기판에 마하 1~2 등의 비행기 속도가 표시되는 데 그럴 때면 사람들은 그것을 찍으려고 야단법석이었다. 나만 촌놈인 줄 알았는데 나처럼 처음 초음속 비행기를 타는 사람들이 많은 모양이었다.

기내의 좌석은 일반 비행기와 비슷하나 항공료가 매우 비쌌다. 일반 비행기의 퍼스트 클래스보다 천 불이나 더 비쌀 정도다. 당시 뉴욕에서 런던까지 퍼스트 클래스가 3,300불이었는데 초음속 비행기의 항공료는 4,300불이었다. 그럼에도 불구하고 나 같이 시간에 쫓기는 사업가들은 이 비행기를 탈 수밖에 없었다. 나는 런던에서 아침을 먹고 초음속 비행기를 타고 워싱턴에 와서 고객을 만나 점심 먹고 다시 이 비행기를 타고 런던으로 와 저녁을 먹을 수 있었다. 이 비행기 덕분에 런던과 워싱턴이 일일생활권이 된 셈이니 놀라지 않을 수 없다.

그런데 후에 나는 가슴을 쓸어내리는 소식을 듣게 된다. 다름 아니라 2000년 7월 25일 에어 프랑스의 콩코드기Concorde, 초음속 비행기가 파리 샤를드골 공항을 이륙한 직후 갑작스러운 화재와 함께 폭발하는 사고가 발생하여 100명의 승객과 승무원이 전원 사망한 사건이 일어났다는 것이다. 그게 내가 타고 다니던 비행기였다는 생각을 하니 등에서부터 소름이 쫙 끼쳤다. 결국 초음속 비행기는 비용 문제로 인해 시들해지면서 지금은 사라지고 말았다 하니 오히려 안도의 한숨을 내쉬게 된다.

골프공에 종아리 맞았던 사건

마우나오션 리조트로 기억난다. 그때 18홀 중 후반 코스를 돌고 있을 때였다. 내가 골프를 치고 있는데 갑자기 날아온 골프공이 내 종아리를 세게 치는 사고가 벌어졌다. 아마도 우드 5번 샷 한 것이 날아와 내 종아리를 때린 모양이었다. 그런데 나는 골프에 열중한 나머지 그 사실을 느끼지 못하고 있었다. 그때 함께 골프를 치고 있던 총무과장이 나에게 달려와 괜찮으시냐며 물어왔다. 그제야 나는 종아리에 뭔가 둔탁한 느낌이 들었던 게 기억나 주변을 둘러보니 한 2미터쯤 떨어진 곳에 골프공이 보였다.

골프채가 종류에 따라 한 열서너 개 정도 된다. 제일 긴 채가 가장 멀리 가는 드라이버로 보통 200~250미터까지 날아갈 정도로 힘이 세다. 다음으로 멀리 가는 채가 우드로 잘 맞으면 170~200미터까지 날아갈 정도로 세다. 아마도 나는 이 중 우드 5번 샷으로 친 공에 맞은 듯했다. 그러니 타격이 제법 강했을 것은 뻔했다. 총무과장은 빨리 병원에 가서 정밀검사를 받아야 한다며 호들갑을 떨었다. 할 수 없이 병원으로 가 검사를 해보았다. 정말 골프공에 맞은 자리가 시커멓게 변해 있었다. 그런데 의사 왈 "회장님 종아리가 워낙 굵고 튼튼해 뼈에는 이상 없습니다. 이 연세에도 이런 종아리를 가질 수 있다는 게 부럽습니다." 하는 것이 아닌가. 이렇게 해서 나는 그 단단한 골프공에 맞았음에도 별 문제없이 지나갈 수 있었다.

인생 후반을 준비하는 사람들을 위하여!

자신 있는 분야에서 최선을 다하라!

내 인생에서 가장 중요한 사건을 들라 하면 첫 번째가 창업이라고 할 수 있겠다. 당시 나는 유공에서 19년이나 직장생활을 하던 상태였다. 그것은 마치 잔잔한 바다처럼 안정이 보장된 그런 삶이었다. 하지만 직장생활을 오래 해본 사람들은 알겠지만 오랫동안 이어지는 직장생활은 같은 일이 반복된다는 점에서 매너리즘에 빠지게 하는 경향이 있다. 나 역시 그랬다. 그런 상황에서 대한민국의 대표 공기업인 유공이 당시로서는 규모가 훨씬 작은 선경에 넘어가는 것을 보며 애사심마저 위기를 맞이하였다. 나는 그런 상황에서 창업을 결심하였다.

19년 동안 한 직장에서 몸담은 사람이 창업을 한다면 어떤 분야를 선택해야 할까? 당시의 나는 19년 동안 직장에서 배운 전문적인 기술을 활용할 수 있는 분야를 선택했다. 즉, 내가 가장 잘할 수 있는 일을 선택했고 그것은 적중했다. 이것이 적중한 원리는 간단하다. 자기가 잘할 수 있는 분야를 선택하면 그 일을 잘 해낼 수 있기 때문에 성공할 확률도 높아지기 때문이다.

하지만 잘할 수 있는 분야를 선택한다 하더라고 무조건 성공이 보장되는 것은 아니다. 나는 내가 잘할 수 있는 분야에서 어떻게든 실패하면 끝이라는 각오로 나의 전부를 쏟아서 최선을 다하기 위해 힘썼다. 처음에 창업하고 나서 거의 두 달 동안 일이 없어 전전긍긍하고 있을 때였다. 때마침 당시 2백만 원짜리 공사가 들어왔는데 그때 나는 현장을 뛰어다니며 최선에 최선을 다하였다. 아침 6시에 나가서 밤 12시가 되어야 퇴근할 정도였다. 덕분에 현장에서 이루어지는 디테일한 기술들을 습득할 수 있었다. 유공에서는 간부로 근무했기에 현장의 사소한 디테일을 공부할 기회는 거의 없었는데 이러한 현장의 디테일까지 익히게 되니 실력이 일취월장하였다. 이를 바탕으로 나는 일성이 태어나게 하고 세계적인 기업으로 성장시킬 수 있었다. 게다가 석유화학 설비 기술의 국산화까지 이루어내는 성과를 이룰 수 있었다.

전문성에다 최선까지 더해진다면 어떤 일에 도전하든 성공할 확률은 극대화될 수밖에 없다. 오늘날 많은 사람들이 창업에 뛰어드는 모습을 보게 되는데 십중팔구라는 말도 있듯 대부분이 실패하는 안타까운 모습을 보게 된다. 이러한 현상이 일어나는 이유는 명료하다고 생각된다. 많은 퇴직자들이 치킨집이나 카페 등을 창업하는데 그것은 일단 처음 하는 일이라 전문성에서 떨어지게 된다. 일단 전문성이 떨어지니 아무리 열심히 해도 성공할 확률은 그만큼 낮아질 수밖에 없다. 게다가 자신과 동떨어진 분야를 선택할 경우 애착심이 떨어지므로 이것 아니면 다른 것 하면 되지,라는 느슨한 마음이 들 수밖에 없다. 반면 자신이 평생 해온 전문성을 살릴 수 있는 일은 애착심이 강하므로 죽을 각오로 달려들 수 있다는 장점이 있다. 정리하면, 제2의 창업을 하고자 한다면 자신이 잘할 수 있는 분야를 선택하는 것이 첫 번째로 중요하고 거기에 죽을 각오로 최선을 다하는 것이 다음으로 중요하다. 창업을 하면서 이것 아니면 다른 것 하면 되지,라는 생각은 절대 금물이다.

아무리 어려워도 긍정적 태도가 중요하다!

내 인생에서 두 번째 중요한 사건을 들라 하면 대학 진학 때를 들 수 있겠다. 당시 우리 집의 환경은 대학은커녕 끼니를 걱정해야 할 정도로 어려운 상태였다. 대학은 도저히 생각조차 할 수 없는 상태였다. 만약 그때 진로를 바꿨다면 내 인생도 달라졌을 것이다. 하지만 나는 긍정적 태도로 하나의 목표를 가지고 정진해 나가겠다는 마음을 먹었다. 그것은 찬란한 미래를 그리며 전 세계에서 활동하겠다는 각오였다. 그래서 부모님의 지원 없이 무려 6년(ROTC 2년 포함) 동안이나 입주 과외를 하면서 고비고비를 넘기고 학비와 생활비를 조달하며 대학을 마칠 수 있었다.

만약 당시 내가 나의 환경에 대해 부정적 생각을 가졌다면 결코 그 어려운 고비를 넘길 수 없었을 것이다. 나의 상황과 환경을 그대로 받아들이고 매사에 긍정적인 태도로 나아갔기에 그 무수한 어려움들을 이겨낼 수 있었다고 생각된다.

팔십 평생을 살고 인생을 돌아보면 결코 순탄한 인생은 없다는 것을 깨닫게 된다. 인생을 살다 보면 고비고비 어려움이 닥쳐오게 된다. 어려움이 닥쳐올 때 사람들은 대개 두 가지 부류로 나뉘게 된다. 그 어려움 앞에 굴복해버리는 사람과 어려움을 이겨내려고 노력하는 사람이 그것이다. 어려움 앞에 굴복하는 사람은 대개 더 이상의 단계로 나아가지 못하거나 극단적으로는 절망에 빠져 허우적거리는 경우가 대부분이다. 자연이 어려움을 주는 이유는 나를 죽이기 위함이 아니라는 사실을 명심해야 한다. 어려움은 나를 성장시키기 위해 다가오는 존재이다. 따라서 어려움이 닥쳐온다면 나를 성장시키기 위한 일이라 생각하고 어려움을 이겨내는 사람이 되겠다는 긍정적 마음을 먹는 것이 중요하다.

어려움을 좋아하는 사람은 없겠지만, 인생에서 중요한 것은 이러한 어려움을 받아들이는 우리의 태도라 생각된다. 어차피 어려움이 닥쳐오는 것을 피할 수 없다면 어려움을 이겨내는 방법을 찾는 것이

현명할 것이다. 어려움을 이겨내는 첫 번째 단계가 긍정적 생각이다. 비 온 뒤에 땅이 굳는다는 속담도 있듯이 어려움은 나를 성장시키기 위해 온 것이다,라고 받아들이고 어려움을 이겨내기 위해 노력한다면 자연은 반드시 어려움을 돌파할 수 있게 해준다. 내 인생의 경험이 그것을 증명해주고 있다.

인생에 은퇴는 없다!

제2의 인생을 준비하는 사람들을 위해 인생의 선배로서 마지막으로 해주고 싶은 말은 "요즘 세상에는 은퇴라는 그런 단어는 없다."라는 사실이다. 물론 법적으로는 정년이라는 게 있고 직장에서는 영원히 일할 수 없는 나이가 있다. 하지만 인생에는 은퇴가 없다는 사실을 명심해야 한다. 인생에 은퇴가 없어지는 이유는 인간의 수명이 점점 길어지고 있고 사회가 나날이 발전하고 있기 때문이다.

세계에서 가장 오랫동안 산 사람의 나이가 256살이었다는 사실을 알고 있는가? 중국 쓰촨성에서 살았던 리칭위엔李青雲이라는 사람이 그 주인공이다. 그는 서기 1677년에 태어나서 서기 1933년 5월에 사망하였으니 무려 256년 동안을 살았던 세계 최장수자이다. 그는 약초를 연구했던 당대 최고의 의학자였으며 200살에도 대학에서 강연을 한 것으로 유명하다. 죽기 직전인 1930년에는《뉴욕타임즈》에 소개되기도 했었다. 평생 사는 동안 24명의 부인이 있었으며 무려 200명에 달하는 자녀를 두었다고 한다.

믿을 수 없는 이야기지만, 인간의 수명은 이미 백 세 시대를 맞이하고 있다. 이러한 시대에 육십의 나이에 은퇴한다는 것은 있을 수가 없다. 과거에는 육십이 되면 은퇴하여 죽을 날만 기다리는 게 덕이었으나 이제 자신이 기여할 수 있는 곳에서 평생 일하고, 평생 공부하는 것이 덕이 되는 시대로 변했다.

따라서 이러한 시대를 지혜롭게 살아가기 위해서는 제2의 직업을 준비하는 것은 필수다. 사람은 일하는 것이 건강에도 이롭고 사회에도 기여할 수 있기 때문이다. 이를 위해 평생 공부하는 태도를 가지는 것이 중요하다. 이미 디지털 AI 시대가 도래하면서 세상이 급변하고 있기 때문이다. 미래시대를 대비하여 자신에게 맞게 준비하다 보면 아무리 나이가 들어도 반드시 일할 기회가 주어지게 될 것이다. 나 역시 이 나이에도 계속 공부하고 손에서 책을 놓지 않는 이유가 바로 이 때문이다. 죽는 날까지 사회에 기여하며 살고 싶다.

제2의 인생은 건강관리로부터

제2의 인생을 살기 위해 가장 중요한 것은 역시 건강이라 하지 않을 수 없다. 건강의 중요성에 대해서는 더 이상 말하지 않아도 모두가 알고 있을 것이다. 건강은 마치 화초를 가꾸는 것과 비슷하다. 관심을 가지지 않고 그냥 놔두면 시들어버리는 화초처럼 건강도 관리하지 않으면 어느새 나빠지기 시작한다. 특히 나이가 들수록 기계가 녹스는 것처럼 인체도 이곳저곳 고장 나게 마련이기 때문에 더욱 건강관리에 힘써야 한다. 나는 이러한 사실을 젊은 시절부터 인식하여 테니스, 배드민턴, 골프, 수영, 스키 등 내가 좋아하는 운동을 열심히 해오고 있다. 무엇보다 이 나이까지 맨발 등산과 냉수욕까지 꾸준히 하고 있는데 이것이 노년의 건강에 큰 도움을 주고 있다. 특히 땅을 밟는 것은 어싱이라고 하여 건강에 큰 도움이 되니 더 많은 사람들이 실천했으면 좋겠다.

제2의 인생을 준비하는 사람들이 경계할 것은 '지금까지 열심히 일했으니 은퇴 후에는 쉬겠다'는 생각이다. 이런 태도로는 절대 노년의 건강과 행복이 보장되지 않는다. 이것은 내 경험에서 나온 말이니 믿어도 좋을 것이다. 차라리 '지금까지는 열심히 일했으니 노년에는 행복하게 일해야겠다'고 마음먹어 보라. 그러면 제2의 인생에도 건강과 행복의 길이 열릴 것이다.

저자 장세일 약력

학력

- 1958. 02. 경북고등학교 졸업
- 1963. 02. 서울대학교 공과대학 전기과 졸업

주요경력

- 1963.03~1965.03 육군소위 임관(ROTC 1기) 예편
- 1965.05~1983.12 대한석유공사 및 유공(現, (주)SK)공무, 정비부장
- 1984.01~1999.10 일성공영 대표
- 1999.11~2000.05 (주)일성 대표이사
- 2000.06~2007.01 일성엔지니어링(주) 대표이사 회장
- 2007.01~2016.11 (주)일성 회장
- 2016.12~현재 (주)일성하이스코 명예회장

교육사항

- 1994.06.28. 전경련 국제 경영원 제29기 최고경영자 과정 수료
- 1997.08.20. 전경련 제2기 정보전략 최고경영자 과정 수료
- 1997.09.25. Advanced Leadership Program 수료(Harris Manchester College, University of OXFORD)
- 1999.07.03. 전경련 제1기 Global Business School Executive Program 수료

- 1999.08.06. Building Competitive Advantage Through Operations 수료(HARVARD UNIVERSITY)
- 2001.12.18. Lincoln University 경영학 명예박사 학위 수여
- 2007.06.29. 상해교통대학(중국) 고급경리 SMBA과정(제7기) 수료
- 2022.07.18. 울산대학교 산업대학원 테크노 CEO과정(제11기) 수료

사회활동

- 1998.04~2011 대한적십자사 전국대의원
- 2000.01~2010.04 울산테니스협회 회장
- 2000.06~2011 서울대 관악회 이사
- 2000.01~2014.01 법무부 범죄예방위원회 울산.양산지역 협의회 부회장
- 2000.03~2011 한국 무역협회 이사 겸 울산무역상사 협의회 명예회장
- 2001.02~2011 전경련 국제경영원 이사
- 2009.01~2014 울산상공회의소 부회장
- 2010.01~2011 플랜트기자재산업협의회 초대회장

상훈사항

- 1991.03.04 성실납세 표창장(국세청장)
- 1991.03.29 상공대상- 경영부문(울산상공회의소)
- 1991.06.29 제1회 경상남도 산업평화 대상
- 1991.12.27 산업평화 산업포장(대통령 노태우)
- 1992.10.17 기능장려 우수사업체 표창장(노동부)
- 1993.11.30 백만불 수출의 탑(대통령 김영삼)
- 1994.07.01 마케팅혁신상(한국생산성본부)

- 1994.07.01 생산성향상 우수기업체지정 수상(정부)
- 1995.03.03 납세의무 성실이행 표창장(부산지방국세청)
- 1995.05.12 전국모범중소기업인상 표창(대통령 김영삼)
- 1995.11.29 '95 자랑스런 신한국인상(대통령 김영삼)
- 1996.08.04 '96 자랑스런 경남도민상(경상남도지사)
- 1996.09.12 기능장려 우수사업체 표창장-2회 연속(노동부)
- 1997.08.21 경영인대상(전국경제인연합회)
- 1997.10.01 울산광역시 산업평화상-금상(울산광역시)
- 1998.03.03 납세의무 성실이행 표창장(국세청)
- 1998.11.30 천만불 수출의 탑(대통령 김대중)
- 1999.11.30 삼천만불 수출의 탑(대통령 김대중)
- 1995.11.29 '95 자랑스런 신한국인상 수상(대통령)
- 1999.12.13 '99최고경영자대상(전국경제인연합회)
- 2001.02.22 경영인대상-글로벌경영인상(전국경제인연합회-국제경영원)
- 2001.11.01 직업능력개발 우수사업체상(국무총리)
- 2006.11.30 칠천만불 수출의 탑(대통령 노무현)
- 2008.12.02 일억불 수출의 탑(대통령 이명박)
- 2009.12.16 한국을 빛낸 올해의 무역인상(한국무역협회)
- 1999.12.01 '99최고경영자대상(전국경제인연합회)
- 2010.11.30 금탑산업훈장(대통령 이명박)
- 2011.05.16 5·16 민족상 산업부문 대상(5·16민족상)